UNE VEUVE

INCONSOLABLE.

II

POUR PARAITRE LE **15 SEPTEMBRE** :
MÉMOIRES DE MADEMOISELLE MARS
PUBLIÉS PAR ROGER DE BEAUVOIR.

NOUVEAUTÉS EN VENTE.

LORETTES ET GENTILSHOMMES, PAR H. DE KOCK.	3 vol. in-8.
LE CHATEAU DE ST-JAMES, PAR MOLÉ GENTILHOMME.	4 vol. in-8.
LE MENDIANT NOIR, PAR PAUL FÉVAL.	3 vol. in-8.
UNE CONSPIRATION AU LOUVRE, par MÉRY.	2 vol. in-8.
BELLE-ROSE, PAR AMÉDÉE ACHARD,	2 vol. in-8.
MADAME DE TENCIN, PAR EUGÈNE DE MIRECOURT	2 vol. in-8.
LE PAUVRE DIABLE, PAR CLÉMENCE ROBERT.	2 vol. in-8.
LA FEMME DE SOIXANTE ANS, par H. DE BALZAC.	3 vol. in-8.
LE CAPITAINE DES TROIS COURONNES, PAR MICHEL MASSON.	4 vol. in-8.
LA COURSE AUX AMOURS, PAR H. DE KOCK.	3 vol. in-8.
PETITES MISÈRES DE LA VIE CONJUGALE, par H. DE BALZAC.	3 vol. in-8.
LES AMANTS DE MA MAITRESSE, PAR H. DE KOCK.	2 vol. in-8.
LA LUNE DE MIEL, PAR H. DE BALZAC.	2 vol. in-8.
MÉMOIRES SECRETS DU DUC DE ROQUELAURE..	4 vol. in-8.
LA FEMME DE L'OUVRIER, PAR ROLAND BAUCHERY.	2 vol. in-8.
LES FANFARONS DU ROI, PAR PAUL FÉVAL.	4 vol. in-8.
LA FORÊT DE RENNES, PAR LE MÊME.	3 vol. in-8.
WILLIAM SHAKSPERE, PAR CLÉMENCE ROBERT.	2 vol. in-8.
MODESTE MIGNON, PAR H. DE BALZAC.	4 vol. in-8.
MARIE D'ANJOU, PAR MOLÉ-GENTILHOMME.	2 vol. in-8.
LES MÉMOIRES D'UN ANGE, PAR EMMANUEL GONZALÈS...	4 vol. in-8.
LA REINE DES GRISETTES, PAR H. DE KOCK.	2 vol. in-8.
LES BOHÉMIENS DE PARIS, PAR ROLAND BAUCHERY.	4 vol. in-8.
LE ROI DES ÉTUDIANTS, PAR H. DE KOCK.	2 vol. in-8.
LA DUCHESSE DE CHEVREUSE, PAR CLÉMENCE ROBERT.	2 vol. in-8.
LES FRÈRES DE LA CÔTE, PAR EMMANUEL GONZALÈS..	2 vol. in-8.
BERTHE L'AMOUREUSE, PAR H. DE KOCK.	2 vol. in 8.
LE LIVRE D'AMOUR, PAR EMMANUEL GONZALÈS.	2 vol. in-8.
LES ENFANTS DE L'ATELIER, PAR MICHEL MASSON	2 vol. in-8
THÉRÉSA, PAR Mme CHARLES REYBAUD.	
LA MÈRE-FOLLE, PAR AUGUSTE ARNOULD..	2 vol. in-8.
LA VIERGE DE FRIBOURG, PAR X.-B. SAINTINE.	
LA MARQUISE D'ALPUJAR, PAR MOLÉ-GENTILHOMME.	2 vol. in-8.
LA DERNIÈRE SŒUR GRISE, PAR LÉON GOZLAN	
UN AMOUR DE REINE, PAR CLÉMENCE ROBERT.	2 vol. in-8

Sous Presse :

LE PROVINCIAL A PARIS, PAR H. de BALZAC.	2 vol. in-8.
LA CIRCÉ DE PARIS, PAR MÉRY.	2 vol. in-8.
LE TRIBUNAL SECRET, PAR CLÉMENCE ROBERT.	2 vol. in-8.
UN AMOUR DE GRANDE DAME, PAR MOLÉ-GENTILHOMME.	2 vol. in 8.
LA REINE DE SABA, PAR EMMANUEL GONZALÈS.	2 vol. in-8.
UNE FEMME ENTRE DEUX CRIMES, par PAUL FÉVAL.	2 vol. in-8.
L'ABBÉ DE CHOISY, PAR ROGER DE BEAUVOIR.	2 vol. in-8.
L'ÉCHELLE DE JACOB, PAR AMÉDÉE ACHARD.	2 vol. in-8.
L'AMANT DE LUCETTE, PAR H. DE KOCK.	2 vol. in-8.
MÉMOIRES D'UNE FEMME DU PEUPLE, PAR ROLAND BAUCHERY	2 vol. in-8.

ROMANS DE ELIE BERTHET.
En Vente :

LE PACTE DE FAMINE.	2 vol. in-8.
RICHARD LE FAUCONNIER	2 vol. in-8.
LA MINE D'OR	2 vol. in-8.
LE BRACONNIER.	2 vol. in-8.
LA BELLE DRAPIÈRE.	2 vol. in-8.

Sous Presse :

LE CADET DE NORMANDIE.	2 vol. in-8.

Pour paraître incessamment :
LES SOIREES DE PARIS.

UNE VEUVE

INCONSOLABLE

PAR

MERY.

II

PARIS

GABRIEL ROUX ET CASSANET, ÉDITEURS
EN VENTE A LA LIBRAIRIE
25, RUE DU VIEUX-COLOMBIER

LE MALADE.

XVIII

— Eh bien ! dit l'oncle en entrant, je vous dois une visite, et je n'aurais pas voulu vous la rendre, ici, dans une chambre de fiévreux.

— Asseyez-vous, M. Goldrige — dit Albin d'une voix encore faible — je veux vous voir, là, tout près de mon lit.

— Vigoureux comme vous êtes — dit l'oncle en appuyant sa main sur le lit — que diable avez-vous eu de vous faire malade, en été? j'ai demandé plusieurs fois à vos médecins le nom de votre maladie; ils m'ont répondu en me montrant le ciel.

— Ils ont bien répondu, monsieur Goldrige.

— Oui, mais si j'avais, moi, des médecins qui me traitent en regardant les nuages, je les enverrais se faire payer là-haut... Enfin, vous voilà rétabli; c'est l'essentiel... on ne vous voyait plus, on s'étonnait, on s'inquiétait même, enfin on a dit: il faut demander de ses nouvelles à sa maison.

—De quel *on* parlez-vous là, monsieur Goldrige ?

— Eh bien! de moi, de ma nièce, de vos amis. On cherchait, aux endroits accoutumés, M. Albin de Servian. Éclipse totale. Vous n'étiez pas à *Othello*, dernièrement?

— Non, monsieur.

— Ce soir-là, ma nièce a gagné une impression d'air. Le lendemain, elle a gardé la chambre et m'a fait appeler... ne vous découvrez pas ainsi, monsieur de Servian... gardez la position horizontale... vous êtes en moiteur...

— Vous disiez que mistress Lavinia...

— Avait eu une légère indisposition... il faut vous dire que la tragédie lui donne des accès nerveux... ah ! c'est incroyable ! on dirait d'un enfant... l'autre soir, elle était furieuse contre *Othello*... mon Dieu ! disait-elle, si j'avais un mari blanc comme ce noir, je m'adresserais aux *doctors communs* pour obtenir le divorce... Une naïveté de jeune femme... cela vous fatigue peut-être, monsieur de Servian ?

— Non, non, monsieur Goldrige... au contraire. J'ai l'ennui du convalescent, et vous me faites plaisir... mistress Lavinia est pourtant remise de sa légère indisposition ?

— Oh ! nous sommes tout-à-fait bien... et puis je vous dirai en confidence qu'elle a reçu des nouvelles du futur époux.

— Ah ! elle a reçu des nouvelles de M. Macdougall !

— Une lettre pleine de tendresse; une lettre d'amant, pour trancher le mot... Vous souffrez, monsieur de Servian?... changez de position....

— Ne prenez pas garde, monsieur Goldrige — dit Servian d'une voix faible — ouvrez une fenêtre, s'il vous plaît... je manque d'air.

— C'est cela, vous êtes incommodé par la chaleur. La journée est brûlante... c'est d'ailleurs un bien. La transpiration vous mettra sur pied en quelques jours. Il n'y a pas de meilleur médecin que l'été. Vous devez avoir eu chaud et froid, comme ma nièce. Je suis sujet à ces petites maladies, moi aussi. Les nuits sont fraîches, il faut bien se couvrir en sortant du théâtre...

Mon frère Georges est mort, à Londres, d'un rhume négligé : il sortait d'*Adelphi*, un soir du mois de juin ; on jouait *Antoni* de Dumas ; une salle pleine et chaude comme un tison. En passant devant le marché d'Hungherford, au Strand... vous savez qu'il y a un escalier glacé qui descend à la Tamise.... Voulez-vous que j'ouvre l'autre fenêtre, monsieur de Servian ?

— Oui, monsieur Goldrige ; ayez cette complaisance...

— Vous êtes tantôt rouge, tantôt pâle, monsieur de Servian... je suis comme cela aussi, moi, dans ces indispositions... Mon frère Georges...

— Monsieur Goldrige — dit Albin d'une voix brève — excusez ma faiblesse d'esprit; quand on est malade, on n'aime pas à s'entretenir de ceux qui sont morts...

Goldrige fit un mouvement de stupéfaction niaise, et son visage exprima ce regret candide, qui suit une sottise, soudainement reconnue par son auteur.

— Parlons des vivants, poursuivit Albin; vous disiez donc que M. Macdougall avait écrit... et après...

— Il a écrit une lettre pleine d'affection — poursuivit Goldrige, du ton d'un homme qui est charmé d'avoir trouvé le sujet qu'affectionne son interlocuteur — Lavinia m'a montré cette lettre. Il paraît que ce drôle de Macdougall est riche comme le Pérou... et je vous avoue, monsieur de Servian — ajouta Goldrige avec un sourire visant à la finesse — je vous avoue, moi qui connais un peu les femmes, que cette lettre n'a pas peu contribué à guérir l'indisposition de Lavinia. Ma foi! c'est naturel. Soyons justes. Voilà une pauvre veuve qui aime le monde, la toilette, les promenades, une foule de petits caprices, enfin, et qui n'a que cent livres de rente pour contenter son ambition. Macdougall se présente, avec ses millions; il est enlevé. C'est dans l'ordre. Nous comprenons tous la joie de Lavinia.

Albin appuya son torse, sur le coude de son bras droit, et regardant fixement Goldrige, il fit un violent effort pour prendre un accent calme et naturel, et dit :

— Monsieur Goldrige, je suis charmé

d'apprendre le rétablissement de mistress Lavinia... elle a donc été bien... joyeuse en recevant cette lettre de M. Macdougall?.... elle a manifesté sa joie.... par.... avec....

— Oh! monsieur de Servian, elle est trop rusée, Lavinia, trop.... femme pour faire éclater une joie folle, en recevant une lettre d'un époux futur... une veuve a toujours des considérations à garder, même devant un oncle... mais je connais les femmes... j'ai été marié deux fois... je sais comment il faut expliquer leur silence, ou leurs paroles en ces occasions...

— Alors — dit Albin, avec une voix plus ferme — sa joie a été concentrée en elle-même... c'est vous qui...

—Oui, c'est moi qui ai deviné cette joie... une joie adroitement dissimulée... oh! très-adroitement... à propos, monsieur de Servian, j'ai quelque chose à vous demander de sa part...

— De la part de Lavinia? — demanda le jeune homme, d'un ton qui aurait pu trahir son amour, aux yeux d'un interlocuteur plus intelligent.

—Eh oui! ma nièce m'a prié de vous demander si le même courrier vous avait apporté des nouvelles de votre ami, M. Macdougall.

Après un moment d'un silence réfléchi :

—Oui, dit Albin; j'ai reçu une lettre.

— Contient-elle quelque chose d'intéressant pour Lavinia ?

— Mais... je ne crois pas... oh ! mon Dieu non ! M. Macdougall me parle de ses affaires de commerce... il a acheté du bois de campêche... il a vendu des lingots....

— Voilà tout, monsieur de Servian ?

Oui.... il me semble.... ma maladie a mis un peu de trouble dans ma mémoire... cependant je crois que c'est là tout ce que me dit Macdougalll.

— Alors, rien de tout cela n'intéresse notre jeune veuve... monsieur de Servian — ajouta Goldrige en se levant — je ne veux pas abuser de votre convalescence. Ménagez-vous bien. J'espère que vous serez tout-à-fait rétabli pour la noce.....

— Quelle noce? — demanda le convalescent d'un air stupéfait.

— Ah! voilà une fameuse distraction! — dit Goldrige avec un éclat de rire — de la noce de Macdougall et de Lavinia.

Un soupir courut dans l'alcôve.

— Ah! c'est juste! — dit Albin, avec un accent violemment naturel — oui, j'étais distrait... la noce aura lieu bientôt, en effet... n'est-ce pas, monsieur Goldrige?

— La lettre de M. Macdougall est expresse sur ce point... on se marie vingt-un jours après l'arrivée de l'époux à Kingstown. Les vingt-un jours légaux pour la publication des bans... et M. Macdougall peut arriver aujourd'hui, demain, après-demain... Vous voyez que le veuvage de Lavinia est sur le point d'expirer.

Il y eut un long moment de silence.

—Monsieur de Servian, poursuivit Goldrige, je vois que vous avez besoin de repos. Je vous ai fait causer un peu trop... adieu.... Vous n'avez rien à m'ordonner?...

— Rien — dit une voix sourde.

— Adieu, monsieur de Servian.

— Adieu, monsieur, — dit une bouche qui mordait un oreiller.

Et cependant — ô profondeur des misères humaines! — Albin de Servian aurait voulu le retenir longtemps encore.

Le retenir toujours, là, auprès de son lit, cet innocent assassin qui le poignardait à chaque mot, avec une si douce naïveté. Certes le convalescent avait à craindre une rechute fatale en poursuivant cet entretien, mais l'infortune extrême se complaît en elle, et ne connaît pas les timides précautions, et les soigneux ménagements du bonheur. Quand la blessure est faite, et semble incurable, le blessé se délecte à l'envenimer davantage; il y a dans l'ordre moral comme dans l'ordre physique, des Catons qui se laissent appliquer un baume sur leur plaie, par la main d'un ami, comme pour rendre service à cet ami qui n'a point de plaie; mais si le malheur grandit, si l'ennemi approche, ils portent alors sur eux des mains violentes, et déchirent l'appareil sauveur avec une féroce volupté.

னAVIS AUX ASSURANCES MARITIMES.

XIX

Pourtant, comme les blessures morales diffèrent des autres, il arrive souvent que la nature capricieuse sauve le blessé malgré lui. Il y a de mystérieux agents hygiéniques qui fonctionnent dans notre corps, à notre insu, et donnent la guérison par le même procédé qui a donné le mal. On a beau vouloir déchirer l'appareil, et empoisonner le dictame; la nature qui, par contrariété, veut prendre soin de nous, lorsque nous méprisons son aide, la nature nous infuse la santé de l'âme et du corps, à l'heure suprême du désespoir, et sur le seuil du tombeau. La nature aime à nous faire ces surprises. En pareil cas, il faut nous résigner au malheur de ne plus souffrir. Lorsqu'on se montre trop friand de la douleur, on est cruellement désappointé; car la douleur, qui tient à son nom et à ses prérogatives, nous abandonne, et va se divertir ailleurs, aux dépens d'un autre futur cadavre humain.

Ce nouveau paradoxe posé, on s'étonnera moins du prompt rétablissement d'Albin. Le sang avait accompli son effet; il reprenait son cours ordinaire dans les veines, et rendait le calme au cerveau. Notre jeune homme employa utilement les derniers jours de sa convalescence; il se recueillit dans le silence de son alcôve, et trouva de nouvelles ressources pour affronter de nouveaux événements.

Dès qu'Albin se sentit la force de remuer une plume, et d'aligner des mots sur une feuille du papier, il écrivit une longue lettre à l'ex-lakiste O'Farrel, lettre confidentielle s'il en fût, et qui, avant d'être écrite, avait été méditée sur ses nombreux articles, dans le délire de la fièvre, et dans le calme réfléchi de la convalescence. Nous ne transcrirons pas cette singulière épître : sa place n'est pas ici : les hors-d'œuvre sont ennuyeux, même dans un repas, quand on a faim.

Une résolution quelconque est le remède souverain dans les maladies que l'âme donne au corps. Albin avait dévoré ce remède et il se trouva bientôt en parfaite santé. Après quelques ordres donnés à ses domestiques, il passa de son alcôve dans une berline de voyage, et il s'élança vers ce bienheureux horizon où l'Irlande, ennuyée de ses lacs, embrasse la mer Adriatique.

Albin de Servian essayait la sagesse ; il visita les cités lointaines, et n'y trouva point de distraction. Partout des hommes ressemblant à d'autres hommes; des femmes ressemblant à d'autres femmes; des rues courtes ou longues, bordées de maisons avec des numéros; des marchands tranquilles tourmentés par des acheteurs, des enfants égarés sur le chemin des écoles; un cahos de passants, de roues, de voitures et de chevaux, tous entremêlés les uns aux autres, et comptant sur la Providence pour se débrouiller. Il visita les campagnes monotones et tristes, inondées de sueurs humaines, quand la pluie ne tombe pas; les vallées pleines de chaumières et de cœurs naïfs, qui demandent des rentes et un château; les lacs et les montagnes solitaires, choses charmantes un seul jour, dans la poésie du rêve, et si ennuyeuses le lendemain, dans la prose de la réalité. Albin épuisa le domaine de la distraction; et, à chaque relais, quand il posait un point d'interrogation devant son cœur, le cœur répondait Lavinia. Tout ce qu'avait créé cette magnifique nature d'Irlande ne pouvait arracher un sourire au jeune voyageur. Cette nature — se disait-il avec amertume — au lieu de dépenser tant de puissance à bâtir tant de montagnes et à creuser tant de lacs inutiles, aurait bien dû créer deux Lavinia. Hélas! il n'y en avait qu'une, et ils étaient deux!

Deux hommes tiennent bien peu de place sur ce globe, où il y a beaucoup d'hommes et beaucoup de place; et souvent, de ces deux hommes, il y en a un de trop sur trois pieds carrés de terrain.

A Killarney, Albin reçut la lettre d'O'Farrel annonçant la nouvelle inévitable. Macdougall était arrivé à Kingstown ! il ne faut jamais compter sur les naufrages, en pareil cas. Les assureurs qui avaient assuré le vaisseau porteur de Macdougall volaient impunément les assurés. Quand un homme s'embarque pour aller se marier, il assure le vaisseau.

Le programme médité par Albin prévoyait tous les incidents ; aussi notre voyageur devait avoir désormais ses ressources toutes prêtes contre les éventualités du présent et de l'avenir. Sur-le-champ, il écrivit cette lettre à Macdougall :

Killarney, août 1835.

« J'ai reçu au fond de l'Irlande, cher Macdougall, votre lettre d'Amérique. Il m'a donc été impossible de m'acquitter de votre commission. D'ailleurs, vous ne pouviez choisir un commissionnaire plus inexpérimenté que moi, en fait de corbeilles de noces : à coup sûr, vous eussiez été obligé d'en acheter deux. En votre absence, j'ai failli partir pour l'autre monde, celui d'où on ne revient pas. Il m'est tombé dans le cerveau une maladie, que les médecins attribuent à un excès de santé. Elle n'a pas encore un nom dans le monde médical ; c'est ce qui lui ôte le privilége de tuer. On lui cherche un nom, pour ne pas irriter les autres maladies, qui sauraient trouver le moyen de se venger, aux dépens du genre humain. Mon cher Macdougall, je vous écris sur ce ton badin pour vous rassurer complètement ; le malade en veine de bonne humeur est guéri.

» Ne vous mariez pas sans moi, je vous prie. Je n'ai jamais dansé à un bal de noces, je danserai au vôtre ; cela vous portera bonheur. Malheureusement, je ne sais pas danser. J'ai pris un maître qui enseigne la figure anglaise, en dix leçons. Voilà j'espère un beau dévoûment d'amitié. Je ne veux pas non plus déshonorer votre bal par mon ancien costume de philosophe montagnard. Un dandy de mes amis m'a donné des leçons de frac noir, de gants blancs, et de maintien civilisé. Vous ne me reconnaîtrez pas, en me voyant. A notre première entrevue, je me nommerai, pour vous éviter la peine de deviner une énigme. Je ne me reconnais moi-même que depuis quelques jours. Dans la première semaine de ma métamorphose, je me traitais en étranger, et j'aurais craint de me tutoyer devant un miroir. Tout cela je l'ai fait pour vous.

» Je vous écris à tout hasard à Dublin. Cette lettre ne m'y attendra pas longtemps.

» Votre vraiment dévoué

» Albin de SERVIAN. »

Après avoir écrit sa lettre, Albin eut à combattre certains scrupules : il les calma en se donnant ces raisons — Macdougall m'a toujours dit qu'il était mon ami; quant à moi, je n'ai jamais été le sien — Macdougall n'aime pas Lavinia. C'est un caprice d'homme riche et ennuyé, qui veut se guérir du spleen, avec le mariage — il m'a dit de veiller sur sa femme, en son absence. Eh bien ! je n'ai pas trahi sa confiance. Ma bouche est pure, et mon cœur a gardé son secret.

Cependant avant de mettre la lettre dans le gouffre de la poste, il s'arrêta.

La rue était déserte — si la première personne qui passe, dit-il, est une femme, ma lettre partira, si c'est un homme, elle est mise en lambeaux.

Une mendiante doubla l'angle de la rue et vint brusquement lui demander l'aumone. Albin lui donna sa bourse d'une main, et de l'autre précipita la lettre, en disant, Destin, fais ton œuvre !

Que Dieu vous bénisse, mylord ! dit la mendiante en pleurant.

L'Achéron de la poste ne rend jamais sa proie. La lettre, attelée de quatre chevaux, faisait douze milles à l'heure, et volait vers Dublin. Elle rencontra sur la porte de sa maison M. Macdougall, qui rendait à sa future épouse, sa troisième visite depuis son arrivée. Chemin faisant, Macdougall lut la lettre, et il la lisait encore, en entrant chez mistress Lavinia.

— Enfin, nous avons des nouvelles de notre ami — dit Macdougall en s'asseyant sur le fauteuil désigné par Lavinia — voici une lettre de cet excellent Albin.

— Ah! M. de Servian vous écrit! — dit la jeune femme d'un ton impossible à noter — ce doit être amusant, s'il écrit comme il parle. Où donc avez-vous découvert cet ours, monsieur Macdougall? je n'ai jamais connu d'homme plus ennuyeux. Il a failli me faire prendre votre sexe en horreur.

— Il paraît, ma chère future épouse, que le voyage et la maladie l'ont changé... voilà sa lettre... s'il vous plaît de la lire, lisez-la, c'est une lettre folle. Si je ne connaissais pas son écriture, je ne croirais pas qu'elle est de lui... un philosophe lakiste devenu extravagant et dandy !

Lavinia, sans laisser percer sur son visage la moindre envie de lire la lettre, allongea nonchalamment le bras vers Macdougall, et la prit du bout des doigts : elle lut d'un œil hautain, indifférent et dédaigneux, et la rendit, en faisant un léger mouvement d'épaules. Le clair-obscur du salon déroba une teinte vive qui colora le visage de Lavinia, et qui n'était pas en harmonie avec la froide négligence de son maintien.

UN FUTUR.

XX

— Eh bien ! que dites-vous de cela ? — dit Macdougall en riant.

— Oh ! — dit la jeune femme, d'un ton somnolent — j'ai parcouru ces deux pages à la hâte... il m'a paru que l'esprit de... votre ami n'était pas sain.

— C'est ce que je crois aussi, dit Macdougall... Vous figurez-vous Albin habillé en dandy?... un ours dansant l'anglaise?

— Cela fait pitié, vraiment, monsieur Macdougall... et on regrette le temps perdu à parler de ces folies tristes...

— Il paraît que sa maladie a intéressé le cerveau...

— C'est possible.

— Au reste, ma chère future, vous avez raison ; nous avons à nous occuper de choses plus intéressantes... Vous êtes-vous décidée enfin à fixer le jour, où je dois prévenir l'enregistreur du district pour commencer la publication des bans?

— Oui, monsieur Macdougall — dit Lavinia, d'une voix qui s'efforçait de dissimuler une terrible irritation intérieure, sans doute produite par la lettre d'Albin.

— Ah! que Dieu soit béni! — dit Macdougall, en croisant ses mains à la hauteur de son visage — nous pouvons célébrer la cérémonie dans vingt-un jours, ou dans sept jours, par licence spéciale, accordée par l'enregistreur du district... C'est à vous, ma chère dame..... voyez..... votre choix peut me faire perdre quatorze jours de bonheur...

— Demandez une licence spéciale — dit Lavinia, d'une voix pleine de larmes et les yeux baissés.

Macdougall ne manqua pas, selon l'usage

humain, d'interpréter cette vive émotion en sa faveur, et se levant d'une façon triomphante :

— Chère Lavinia, dit-il, je cours, sans perdre un instant, chez l'enregistreur du district.

Il prit la main que Lavinia se laissa prendre, la porta vivement à ses lèvres et sortit.

La jeune femme s'abîma dans ses réflexions, et conserva, pendant une heure, une immobilité de statue. L'observateur le plus profond, témoin de ce recueillement, aurait dit : voilà une jeune veuve, pleine de sagesse et bien avisée, qui connaît, par expérience, les inquiétudes du mariage, et qui, à la veille d'en contracter un second, ne peut se défendre d'un accès de tristesse involontaire. C'est un nuage qu'il faut laisser courir. Vienne la corbeille de noces, vienne le bal, et ce beau front se déridera, et la veuve prendra la bonne humeur étourdie de la jeune fille de quinze ans. Les observateurs les plus profonds peuvent se tromper.

Au coup de marteau de Macdougall, Lavinia composa vivement sa figure et son maintient, et prit un ouvrage de broderie pour se donner une contenance, et occuper ses yeux.

Macdougall entra hors d'haleine, et bégaya quelques mots en essuyant la sueur de son front avec un foulard. Il entra fort mal-à-propos. Un souvenir involontaire venait de replacer dans ce même salon, aux yeux de Lavinia, le jeune comte Albin de Servian, non l'Albin de Fullerton, mais le brillant étourdi du Théâtre-Royal. Sur le même fauteuil, s'asseyait en ce moment, un autre jeune homme vieilli de dix années par le soucis de la contrebande, ayant les habitudes incurables d'un montagnard d'Écosse, et dans son torse les oscillations perpétuelles de l'amoureux novice qui cherche l'aisance, les idées et les expressions; apportant toujours avec lui un atmosphère de bois de Campêche, que les lingots d'or ne pouvaient anéantir. Cependant, malgré ces différentes espèces de défauts, il était accepté comme époux, et les deux noms de Lavinia et de Macdougall étaient inscrits depuis une heure aux archives du district.

— Ainsi, dans sept jours, ma chère épouse, dit Macdougall, qui ne savait plus que dire, vous quitterez cette triste maison. Avant mon départ, vous savez que j'ai fait meubler à votre goût une charmante maison contiguë à la promenade. Nous aurons un très-beau découvert sur *Phænix-Park*, une terrasse bien ombragée et un joli jardin avec toute sorte de fleurs... Vous aimez beaucoup les fleurs, n'est-ce pas?..... Vous en serez la reine, belle Lavinia... J'ai fait planter, il y a trois mois, des rosiers de chine, des *spondeas*, des *stangopeas-oculatas*, des *yucas-glorio-*

sas, tout cela, belle dame, à votre intention.

— C'est très-galant, monsieur, dit Lavinia, en essayant un sourire pardessus la broderie.

— Oh! si je n'avais pas eu les tracasseries du commerce dans ces derniers temps, poursuivit Macdougall, en prenant l'air et l'accent de l'homme d'affaires, je vous aurais mis tout un jardin zoologique, comme celui de Liverpool, dans votre corbeille de noces; mais l'homme de négoce ne s'appartient pas quelquefois, il appartient aux affaires. La maison Hugues Blakson de New-York m'a donné beaucoup de soucis; on concevait quelques inquiétudes sur elle. J'avais vingt mille livres compromises sur ce comptoir..... J'ai perdu cinquante pour cent sur une opération de peaux de Buffles. Il est vrai que j'ai regagné cela dans les cotons du Kentucki. Il faut deux Anglais pour lutter avec un Américain. Moi, en affaires, j'ai le coup-d'œil prompt. Je dis tout de suite, ceci est bon, ceci est mauvais, cependant je ne suis pas infaillible, l'essentiel est de ne pas s'entêter dans la perte. J'ai du sang-froid, beaucoup de sang-froid... Il est vrai que maintenant je suis au port, et j'y reste, je ne veux plus aventurer une chaloupe en mer.

Et prenant cette inflexion de voix tendre, qui produit un effet si discordant chez les hommes que la grâce a oubliés, il ajouta :

— Je n'avais plus qu'un trésor à gagner, un trésor sans prix... et le plus heureux des mariages va me donner ce trésor... cette divine Lavinia!... elle est timide comme une enfant !..... Vraiment, Lavinia, vous avez toute la timidité d'une jeune fille. Eh bien ! j'aime cela, moi !... oui, franchement, j'aime cela..... Dans ce monde, et dans cette ville surtout, on voit tant de femmes... je ne dirai pas déhontées, mais avec des airs..... qui font de la peine à voir, vraiment..... Tenez, aux États-Unis..... il y a des dames, mais des dames des meilleures maisons, qui me faisaient baisser les yeux!... une effronterie dont on n'a pas d'idée ! La femme, la véritable femme comme il faut, doit connaître ses devoirs et les obligations de son sexe. La pudeur est le plus bel ornement de la femme...

Et reprenant l'inflexion de tendresse si irritante pour les nerfs délicats, il ajouta :

— Belle Lavinia, vous êtes une femme accomplie, vous. Si j'avais une couronne à mettre sur une tête, je la placerais sur votre front..... Seulement, permettez-moi de vous faire une petite observation... Vous permettez, belle Lavinia ?

— Faites votre observation, monsieur Macdougall.

— Il me semble qu'avant mon départ, vous étiez plus gaie..... plus causeuse..... plus...

Lavinia détacha ses yeux de sa broderie,

et donna à Macdougall un regard énigmatique dépouillé de toute signification.

— Allons! allons! dit l'heureux Macdougall; c'est bien! c'est bien! je comprends... elle est adorable Lavinia!... En attendant j'oublie nos affaires, et il n'y a pas de temps à perdre... sept jours sont vite passés... Je n'ai pas encore ouvert notre maison matrimoniale de Phœnix-Park. Il y a là bien des choses encore à mettre en ordre. J'avais tout fermé hermétiquement, mais je trouverai beaucoup de poussière, c'est un travail de deux jours. Heureusement mes ouvriers sont sous ma main..... Vous permettez, ma chère dame, que j'aille donner mes ordres pour disposer votre maison à vous recevoir?

— Mais, monsieur Macdougall, dit la jeune femme avec un demi-sourire, vous savez ce qu'il faut disposer, moi, j'ignore tout. J'ai en vous pleine confiance, monsieur Macdougall.

— Charmante! adorable!... Vous me dites toujours un très-sec et très-froid *monsieur Macdougall*..... Au reste, j'aime cela... oui... il faut demeurer sur le pied d'une respectueuse familiarité... en attendant le mariage.

Un instant après Lavinia était seule, et donnait un long regard de tristesse au sillon d'air que son futur époux avait déplacé en sortant.

Macdougall n'était pas à son aise dans son nouvel état; il avait besoin de s'encourager à être heureux. Après tant d'affaires commerciales, il déposait difficilement les habitudes de sa profession. Il aimait la belle veuve d'un amour modéré, qu'il regardait comme une bonne affaire, et il traitait son mariage comme un spéculation en bonheur.

— Mon calcul est bon, se disait-il, et surtout parfaitement raisonné. En quittant les affaires, je brise de vieilles habitudes, et je me prépare de longs ennuis; donc, je dois me marier; avec ce mariage, je prends d'autres habitudes, d'autres goûts, et à la longue, j'oublie le commerce, et je vis heureux.

Disant cela, il était arrivé, suivi de deux

domestiques, devant sa maison nuptiale de Phœnix-Park.

On ouvrit la porte avec beaucoup de peine, les ressorts ne jouaient pas dans la serrure, il fallut la forcer.

Une humidité pestilentielle régnait dans le vestibule et les appartements inférieurs. On ouvrit les croisées basses, et Macdougall stupéfait reconnut que le rez-de-chaussée était inhabitable. Les tentures suintaient, comme si les murs renfermaient des sources d'eau. Les lambris se bariolaient de lézardes. Les meubles étaient humides, on aurait cru voir l'ameublement d'un vaisseau retiré du fond de la mer, après un naufrage. Macdougall croisait ses mains, et prononçait des monosyllabes confus.

La chambre nuptiale était plus inhabible, encore; l'infiltration des eaux y avait tout détruit. Macdougall ne reconnut aucun des meubles qui la décoraient.

— Quel remède y a-t-il à cela? demanda Macdougall, consterné, au plafond.

Les domestiques firent un duo de signe de tête qui veut dire : Hélas! il n'y a pas de remède.

— Je n'ai qu'un appartement de garçon, dit Macdougall, au second étage dans ma maison de *Hart-Street*. Impossible de mettre Lavinia dans un hôtel garni... et je me marie dans sept jours!... Ma position est bien embarrassante..... Nous verrons.

Il fit fermer cette malheureuse maison, et il en sortit en secouant l'humidité de ses pieds.

MAISON A VENDRE.

XXI

Le lendemain, à midi, Macdougall descendit de son appartement de garçon pour visiter les marchands de pierreries dans Sakeville-Street. En passant devant le monument de Nelson, il tomba dans les mains d'Albin de Servian. Exclamation d'usage entre les deux amis. La joie dépensée à cette rencontre suspendit le flux et le reflux des passants.

— J'arrive à l'instant, et j'allais chez vous, dit Albin, je vous croyais encore en Amérique; j'allais prendre des informations auprès des gens de votre maison.

— Ce cher Albin! dit Macdougall, comme le voilà dandy! Vous aviez raison, je ne vous aurais pas reconnu. La santé maintenant est bonne, j'espère?... Il y a encore un peu de pâleur sur le visage, mais cela vous va bien, avec cette moustache noire. Moi, comme vous voyez, je suis toujours un gros garçon, bien réjoui. En mer, nous faisions trois repas. A chaque repas de la viande fraîche et du clairet à discrétion... Ah ça! vous arrivez à propos, vous me servirez de témoin.

— Vous avez un duel? dit Albin avec une physionomie bouleversée.

— Oui, avec une femme!

Et Macdougall foudroya les passants d'un éternel éclat de rire en si-bémol; puis ajouta dans un entr'acte :

— Vous serez mon témoin au temple, dans sept jours. Je me marie dans sept jours... Eh! que dites-vous? je mène lestement la besogne, n'est-ce pas?

Albin se donna le courage du *post-captain* qui va mettre le feu aux poudres, et faire sauter son vaisseau, et riposta par l'éclat de rire le plus faux qui ait agité la poitrine d'un diplomate au désespoir.

— Dans sept jours, cher Macdougall, dit-il, vous vous mariez ! a-t-on publié vos bans au district ?

— C'est fait, mon cher Albin, j'ai une licence spéciale. Il y avait à choisir entre vingt-un jours et une semaine, mais ma belle épouse a choisi la semaine.

— Le fat de Macdougall ! comme il dit cela d'un air triomphant !

— Que le diable me carresse, si je mens ! au reste la belle veuve vous le dira elle-même de sa belle bouche ; alors vous le croirez.

— Oh ! les femmes ! dit Albin d'un ton singulier.

— Eh bien! quoi, les femmes! que trouvez-vous là d'étonnant, Albin?

— Moi, rien ne m'étonne, Macdougall, rien... Ainsi, dans sept jours, vous voilà marié.

— Ce n'est pas l'embarras, mon cher Albin, j'aurai de la peine à tout terminer dans ce court délai; mais il le faut, il le faut, mistress Lavinia l'a décidé elle-même, et dussé-je doubler la semaine, en ne pas dormant, je serai prêt.

— La corbeille de noces est-elle achetée, Macdougall?

— Toutes nos emplettes sont terminées.. ou à peu près.

— Eh bien! alors, Macdougall, vous trouverez encore vos sept jours trop longs.

— C'est que vous ignorez ce qui m'arrive, mon cher Albin.

— Que vous arrive-t-il?

— Une catastrophe, Albin; rien que cela... ma petite maison de Phœnix-Park est inhabitable.

— Cette charmante maison que vous avez fait meubler? ce bijou?.. inhabitable.

— C'est un vrai lac, mon cher Albin; il y a sans doute des infiltrations du grand canal de la ville. Bref, c'est inhabitable. J'avais dépensé là, pour ameublement, deux mille livres, au moins. Tout est perdu.

— Que me dites-vous là? Macdougall —dit Albin, en s'arrêtant au milieu de la rue, comme cloué sur le pavé par l'étonnement.. — Ah! maintenant, je conçois votre embarras... et qu'allez-vous faire? avez-vous un projet? Si vous appelez les maçons à votre aide, vous vous marierez dans un an.

— Diable! cela n'amuserait pas trop Lavinia, cher Albin ; elle qui, déjà, aime mieux sept jours que vingt-un.

— Mon Dieu! pourquoi mettez-vous votre esprit à la torture, mon cher Macdougall? votre appartement de *Sakewille-Street* est très-convenable, très-décent, pour de nouveaux mariés.

— Y songez-vous, Albin? j'y étouffe, moi, et je suis seul. Trois pièces larges comme la main, et meublées d'échantillons de canelle, de poivre, de campêche, de giroffle, de sang de dragon!

— Oui, c'est juste—dit Albin, en s'arrêtant comme pour réfléchir, en regardant le pavé, et il simulait très-bien la réflexion ; son père aurait été content de lui.

—Voyons! que feriez-vous à ma place, cher Albin?.. Notez bien que vous n'avez que sept jours devant vous.

— Ma foi! cela ne s'improvise pas, Macdougall... il faut voir... il faut examiner... Dublin ne manque pas de maisons...

— Oui, Albin, mais il me faut une maison choisie ; une maison *ad hoc*...

— Je comprends... je comprends —

dit Albin, toujours absorbé par ses réflexions — une maison qui ne soit pas une tente de passage, une maison qui ne vous expose aux ennuis d'un déménagement dans la lune de miel; une maison que vous puissiez garder.

— Justement, Albin.

— Écoutez, Macdougall — dit Albin en relevant vivement son front, comme s'il eût reçu une inspiration soudaine — écoutez ; nous voilà dans le voisinage de l'office de *Dublin-Cronicle ;* achetez quelques numéros de ce journal, et lisez les annonces de la semaine. Vous trouverez peut-être quelque chose à votre convenance.

— Bien pensé, Albin... où est l'office ?

— Là, au coin de la rue, à vingt pas.

Macdougall entra au bureau, et sortit avec les derniers numéros de *Dublin-Cronicle*.

— Mettons-nous un peu à l'écart, dit Macdougall, là, devant la grille du *Square*, et parcourons la série des immeubles à vendre... *A vendre... maison à quatre étages pouvant servir d'usine... maison garnie, ancien hôtel du Lion-Rouge... maison, avec les eaux du Canal...* Merci!... *Maison d'éducation, avec dortoirs...* etc., etc., etc... Tout dans le même genre... Ah! voici peut-être quelque chose!.. *Maison meublée, avec joli jardin et cottage,* 21, *Saint-Martin square...*

— Je n'aime pas les logements sur les *sqares*, moi, dit Albin... ce n'est pas assez animé; on ne voit passer personne dans la rue.

— Ah! nous ne sommes pas du même avis, dit Madougall... j'aime le calme, moi, quand je dors le matin... et puis, quand on se marie, avec une jolie femme, il y a toujours assez de passants dans la rue... Au reste, qui nous empêche de voir cela?

—Voyons cela, si cela nous amuse — dit Albin d'un air indifférent; *Saint-Martin square* est ici tout près.

LE PROPRIÉTAIRE.

XXII

La maison indiquée par l'annonce du journal avait une fort belle apparence. Elle était séparée des maisons voisines par deux petites cours. Les deux façades principales regardaient le nord et le midi :

exposition la plus désirable. Un toit conique, couvert d'ardoises vertes, donnait à cette maison une physionomie pleine de gaîté.

Un gilet rouge, animé par un valet de pied imperceptible, ouvrit la porte au troisième coup de marteau, et introduisit Albin et Macdougall dans un salon, du côté du jardin.

Le gilet rouge sortit en indiquant, avec ses manches, qu'il allait avertir le maître de la maison.

— Ma foi! dit Macdougall, voilà un salon délicieux. Cette pièce est d'un bon augure pour le reste.

— Ce Macdougall est étonnant! — dit Albin en regardant un tableau avec négligence. — Ce Macdougall s'enthousiasme avec une facilité incroyable! le voilà maintenant à genoux devant ce salon... il paraît, Macdougall, que vous avez oublié le luxe et le bon goût de votre salon de la maison de Phœnix-Park.

— Eh bien! Albin, franchement, je préfère celui-ci.

— A la bonne heure! comme vous voudrez. Certainement, ce salon est bien; mais il n'y a pas de quoi crier au miracle.

Sur ces mots, entra le maître de la maison.

C'était un homme d'environ trente-six ans, vêtu avec le plus grand soin, calme et grave dans sa démarche, et dont la figure joyeusement enluminée formait un contraste assez singulier avec le maintien solennel du reste du corps.

— Cette maison est à vendre?—dit Macdougall en saluant.

— Oui—répondit le maître, avec la concision économique d'un propriétaire.

Albin, après avoir salué, continuait négligemment l'inspection des tableaux.

— A vendre, tout de suite?—demanda Macdougall.

— C'est-à-dire après les formalités légales...

— Bien entendu... Vous la vendez, ainsi toute meublée?

— Au choix de l'acheteur... je ne vous cache pas que je tirerais mieux parti des meubles, si je pouvais les vendre à part... Une maison que j'ai pris la peine de décorer, le mois dernier, de la cave au toit, et que je suis obligé de vendre !.. non par besoin... mais par l'effet de ma nouvelle position... Une lettre de Calcutta, reçue le 26 du mois dernier... Mon oncle maternel, Luke Barlow, est mort, et il m'a institué son légataire universel aux Indes... Il faut partir... il faut quitter Dublin, et pour toujours. J'avais meublé cette maison en vue d'un établissement... Dans ce monde, on a beau former des projets... ah !

— Enfin, monsieur — dit Macdougall gaîment — si l'héritage a quelque valeur, on peut se consoler de perdre le reste.

— C'est un héritage dans les colonies ; vous savez ce que c'est. Il y a toujours beaucoup à rabattre sur l'estimation des hommes de loi. Mon oncle, d'ailleurs, négligeait ses plantations, à ce qu'on dit. Je compte sur une indigoterie qui ne rendait pas mal. Enfin, nous prendrons ce qu'il y aura. Si ma présence aux Indes n'était pas indispensable, je resterais à Dublin ; oh! bien sûr, j'y resterais !

— S'il vous plaît, monsieur, de nous faire visiter votre maison, dit Macdougall ; Albin, nous accompagnerez-vous ?

—Monsieur — dit Albin au maître de

la maison — vous avez là deux eaux-fortes assez belles.

— Elles sont d'Hogarth — dit le maître en mettant le pied sur l'escalier du premier étage — j'en ai quelques autres dans mon cabinet. Mais ce sont là des curiosités que je me réserve dans la vente.

— Eh! des eaux-fortes d'Hogarth — dit Albin en se dandinant sur la rampe de l'escalier — je crois bien qu'un amateur doit y tenir. Je donnerais moi une maison pour ces bagatelles.

— Voici mon premier étage — dit le propriétaire, en introduisant les deux visiteurs — vous verrez un ameublement simple, mais propre. Personne n'a mis le pied, ici... je me suis fait, pour moi, une

petite chambre de lit, sous la toiture...
Eh! mon Dieu! quand on n'a ni femme, ni enfants, on est bien partout.

— Voyons la chambre du premier étage, dit Macdougall...

Cette pièce était meublée avec un goût exquis. Il y avait un luxe croisé de velours, de mousseline, de broderies, d'édredon, de soie transparente, de toutes les fantaisies flottantes, inventées pour séduire les jeunes femmes, et leur donner l'amour du chez-soi. Un parfum léger, doux comme l'essence du cinname, était l'atmosphère de ce voluptueux réduit. En y entrant, tout vous engageait à ne plus en sortir. Pas un coin anguleux, pas une étoffe rude, pas un meuble lourd n'y chagrinait les yeux.

Tout s'arrondissait en inflexions suaves, au regard, et sous la main. La lumière, brisée sur le vert mat des persiennes, s'infiltrait dans l'alcôve avec des reflets tranquilles, et tremblait mollement sur les fleurs sans nombre des rideaux.

Albin s'assit dans un fauteuil, prit une pose américaine, et promena son lorgnon dans toute la chambre.

— Voilà certainement — dit le propriétaire — la pièce que je regrette davantage... J'avais une idée en la faisant décorer ainsi!... Hélas!

Le propriétaire parut essuyer quelques larmes, et Macdougall en fut ému, un instant.

— Oui — dit-il, après sa légère émotion — cette chambre est en effet très-bien...

— Un peu colifichet — dit Albin.

— Monsieur — dit le propriétaire, sans daigner regarder Albin — cette critique ne peut s'adresser à moi. C'est le fameux décorateur Barber qui a fait le dessin de cette chambre. Les meubles sont de Thorn; les tentures de Lawson. Voilà j'espère trois noms connus à juste titre, et ils ne signent pas des colifichets.

Albin s'inclina, et Macdougall fit un signe d'approbation.

Les autres appartements, quoique décorés dans des proportions inférieures de luxe, étaient en harmonie exacte avec la chambre principale. Macdougall visita tout avec un soin méticuleux ; et, sur un signe que lui fit Albin, il modéra sa satisfaction, pour ne pas donner trop d'orgueil au propriétaire, qui pouvait lui demander un un prix exhorbitant.

Macdougall fit le signe qui veut dire, je comprends, c'est juste, vous avez raison.

Le propriétaire avait gardé le jardin pour le morceau final de l'exhibition. Ce jardin ne craignait aucune comparaison. Il était découpé en petites allées capricieuses, formées d'arbres superbes. Le parterre étalait à l'ombre toutes les familles des nobles fleurs. Deux gerbes d'eau jaillissaient sur la terrasse, en réjouissant l'oreille et les yeux.

— Il faut quitter tout cela — dit le propriétaire avec un soupir — oh! la vie est une étrange chose!

— Voyons, messieurs, dit Macdougall, asseyons-nous et causons un peu... là, sans marchander, à quel prix raisonnable pourrais-je avoir cette maison, si je voulais sérieusement l'acheter?

— Monsieur, dit le propriétaire, en appuyant sur chaque mot, avec une lenteur prudente — avant toute autre condition, et vu mon prochain départ, je demanderais à être payé comptant... vous comprenez...

— C'est compris, dit Macdougall; cela ne ferait pas obstacle...

— Vous me cédez les meubles? demanda le propriétaire.

— Eh! que ferez-vous des meubles? si j'achète, j'achète tout, meubles et maison.

Le propriétaire se recueillit ; il regarda le parquet, puis le plafond, et remua ses lèvres, agitées, sans doute, par un calcul mental.

— Sans marchander, monsieur — dit le propriétaire en faisant descendre ses yeux du plafond — je vous laisserai le tout, meubles et maison, au prix de quatre mille deux cents livres.

Albin de Servian bondit sur son fauteuil, et fit une pirouette, en fredonnant un air inconnu; puis, s'inclinant devant le propriétaire :

— Monsieur, dit-il, nous avons l'honneur de vous souhaiter un bon voyage aux Indes... Venez, Macdougall, allons faire un tour de parc avant dîner.

— Pardon, messieurs — dit le propriétaire avec une inflexion de voix maligne — veuillez bien me dire lequel de vous deux est l'acheteur?

— Moi, monsieur, dit Macdougall.

— Alors, poursuivit le propriétaire, c'est avec vous seul que je dois traiter.

— Monsieur Macdougall est mon ami, dit Albin, et il doit m'être permis, j'espère, de lui donner un conseil, lorsqu'on lui demande quatre mille deux cents livres d'une bicoque qui n'en vaut pas la moitié.

— Voulez-vous la faire estimer, monsieur, cette bicoque, — dit le propriétaire en se levant de dépit — vous me donnerez le prix d'expertise... Ah !

— Parbleu ! si vous nommez les experts, dit Albin en riant.

— Eh bien ! vous les nommerez, vous... ah !

— Voyons, dit Macdougall, ne perdons ni notre temps, ni nos paroles... Je me connais assez suffisamment en immeubles, pour me passer d'experts, moi... Albin, mon ami, je m'entends aux affaires, autant que vous, croyez-le bien... Monsieur, à quatre mille livres, comptant, vous pouvez me toucher la main.

Le pied d'Albin froissa le parquet.

— Je vous déduirai cent livres, dit le propriétaire, pas un *crown* de moins.

— Eh bien! dit Macdougall, pouvez-vous me céder votre maison, dans quatre jours, sous seing privé. Je vous donne votre prix comptant, et nous légaliserons cela, s'il y a lieu, avec votre procureur fondé. Que vous importe! vous tiendrez l'argent.

Albin fredonnait devant la fenêtre un autre air qui ne peut pas exister.

Le propriétaire consulta de nouveau le parquet et le plafond, puis :

— Dans quatre jours, dit-il; c'est aller un peu vite.

— Eh! que risquez-vous, monsieur? dit Macdougall; je suis connu à Dublin, et ce qui vaut mieux, je vous apporte dans trois jours votre argent..... en avez-vous besoin demain?

— Il y a dans le jardin, dit le propriétaire, un *hibiscus* en boutons, et j'aurais voulu cueillir quelques roses de Chine pour.....

— Belle difficulté! on vous gardera les fruits de votre *hibiscus*, dans sept jours, je me marie, et je vous invite à mon bal, si vous n'êtes pas parti.

Les propriétaires gardent un sérieux glacé tout le temps qu'ils traitent une affaire; mais l'affaire conclue, et les obstacles détruits, ils s'humanisent, et font des sourires affectueux.

— Monsieur — dit le propriétaire souriant — c'est une vente traitée de gré à gré, à la vieille mode d'Irlande, donnez-moi votre main ; cette maison est à vous.

Les deux mains se lièrent étroitement, en guise de paraphe et de signature, et l'achat fut consommé.

LES CONFIDENCES.

XXIII

A dix pas de la maison, Albin s'arrêta, croisa les bras, secoua la tête, et apostrophant Macdougall :

— Mon cher ami, lui dit-il, je ne suis pas commerçant, c'est vrai; je n'entends rien aux affaires, c'est vrai ; mais si j'eusse traité l'achat de cette maison, je vous gagnais cinq cents livres, comme un shilling, comment diable avez-vous fait pour gagner des millions? le Pérou vous a donné une mine, il vous a fait l'aumône, quand vous l'avez traversé, ah ! c'est vous qui prétendez connaître les hommes, parce que vous avez lu Addisson et Walter-Scott ! vous les connaissez, comme si vous étiez encore au berceau. Ce propriétaire est un rusé vendeur de maisons, il a vu que vous étiez amoureux de sa bicoque, et il vous a fait payer votre enthousiasme cinq cents livres, c'est un peu cher.

— Eh bien ! mon cher Albin, cela ne me ruinera pas, et je tiens la maison, que diable ! songez-y, j'étais à la rue, la veille de mes noces, ce n'est pas décent, le hasard qui m'a toujours bien servi, je lui rends cette justice, le hasard me met sous la main une maison des plus confortables, je crains qu'elle ne m'échappe, je la saisis au vol.

— C'est égal ; moi, je regrette les cinq cents livres.

— Bah ! n'y pensons plus, Albin, j'ai fait un marché d'or, la chambre seule vaut mille livres comme un shilling, Allons, mon cher Albin, je veux vous réconcilier avec le propriétaire... A propos comment se nomme-t-il ?

— Un propriétaire n'a pas besoin d'avoir un nom ; c'est un propriétaire, au reste, quand il signera l'acte de vente, il faudra bien qu'il décline son nom, s'il en a un.

— Je vous charge de cette petite affaire, Albin, moi, je suis accablé d'occupations, mon mariage m'occupe beaucoup, et j'ai encore plus d'un souci commercial, on m'a saisi à la Douane de Kingstown une forte partie de tabac en poudre, que les Américains préparent avec une mixtion d'ébène jaune, de bois de Guinée, et de bois de la Jamaïque, il y a toutes sortes d'ingrédiens, excepté du tabac : la Douane a confisqué le tout, et me fait un procès, moi j'attaque la Douane, parcequ'il faut toujours attaquer la Douane ; c'est mon système, voilà le dix-huitième procès de ce genre que je vais perdre.

— Vous le perdrez, Macdougall.

— Le beau miracle! je suis jugé par les douaniers!

— Et vous serez condamné à.....?

— A une amende de trois cents livres, d'après l'Acte 29, chapitre 68, de Georges III.

— Oh! que vous êtes fort sur le code de la Douane!...

— Il le faut bien, Albin, j'ai voulu connaître à fond les armes de mes ennemis..... Vous voilà donc fixé sur mes affaires extérieures....... Soyez assez bon pour voir le propriétaire.....

— Oh! demandez-moi tout au monde,

exigez de moi tout espèce de service, mais ne m'imposez pas cette corvée, j'ai des répugnances nerveuses invincibles, et votre propriétaire me donne des spasmes à mourir.

— Alors, Albin, n'en parlons plus, demain mon associé arrive de Kingstown, et il me bâclera cette affaire.... C'est que je vous dirai confidentiellement que je mets cette charmante maison dans la corbeille de noces de Lavinia.

— Vous lui donnez cette maison ?...... Ah ! c'est très-bien ! je ne serais pas si généreux, moi ; mais j'aime et j'admire chez les autres les vertus que je n'ai pas, sera-t-elle ravie la belle veuve ?

— Oh ! c'est une surprise qui va la

mettre à mes pieds!.... Je vais lui annoncer sa maison de ce pas... Venez, Albin... Accompagnez-moi; vous avez assisté à la vente, vous assisterez à la donation, et vous jouirez du bonheur de Lavinia.

— Votre idée n'est pas bonne, Macdougall — dit Albin avec un calme d'un naturel parfait — vous diminuez votre bonne action, en lui donnant un témoin, donnez votre maison, mais donnez-la simplement, sans faste, sans éclat, comme on donne un bouquet de fleurs... Ensuite je vous dirai, confidentiellement, à mon tour, que je ne suis pas du tout dans les bonnes grâces de mistress Lavinia.... elle me déteste à la mort.

— Bah!

— Je produis sur elle l'effet que le propriétaire produit sur moi.

— Possible, Albin ?

— Très-possible, Macdougall, la première impression m'a perdu à tout jamais dans son esprit..... Je suivis vos conseils ; je lui fis une lecture substantielle, au mois de juillet ; elle s'endormit, je fus perdu....

— Que me dites-vous là, Albin ?... En effet... maintenant il me revient à l'esprit. Oui, elle m'a parlé de vous en termes.

— Bon ! vous le saviez !..... Au reste, elle m'a rendu service, à son insu, j'ai beaucoup réfléchi sur cette scène, et j'ai changé de naturel, je me suis apprivoisé. Le beau monde de Dublin m'a ouvert ses portes à deux battants..... Et je puis dire sans fatuité, que toutes les belles dames de Dublin, n'ont pas eu pour moi les yeux de mistress Lavinia.

En disant ces mots, Albin prit une pose paternelle qui ravit Macdougall.

— Il faut donc avoir de la reconnaissance, dit-il, pour la belle veuve qui a changé votre naturel.

— Je lui en serai toujours reconnaissant. Mais de loin.

— Vous vous amusez donc beaucoup, dans le monde?

— Comme un Dieu, c'est le mot.

— Ce n'est pas vous, Albin, qui mettriez volontairement à vos mains et à vos pieds les chaînes du mariage?

— Le mariage ! ô Macdougall, ce mot seul me paralyse des orteils à la cime des cheveux ! j'aime toutes les femmes, comme toutes les fleurs. j'adore l'Insconstance, cette voluptueuse divinité qui a inventé les harems libres dans les villes d'Europe ! je laisse le mariage aux infortunés qui ne peuvent arriver à une femme qu'en passant sur un contrat civil, rayé de lingots d'or.

— Bravo ! mon cher Albin ! Ceci est à mon adresse. Eh bien ! j'aime assez mon infortune, et je ne la changerai pas contre votre bonheur.

— Je ne fais point d'allusion personnelle, Macdougall. Ma sortie philosophique s'adresse à la généralité des humains. Tous les hommes n'épousent pas des mistress Lavinia. Votre épouse future vaut à elle seule tout un harem de sultan. Vous serez heureux, à cause de votre caractère froid et doux. Moi, si j'épousais une femme comme Lavinia, je briserais mon nœud au trentième jour de la lune de miel.

— Et pourquoi, Albin ?

— Pourquoi ? vous demandez pourquoi, Macdougall ? parce que je suis jaloux comme Othello ; parce que Lavinia, toute vertueuse qu'elle est, me paraît avoir un malheureux penchant à la coquetterie, et que ce charmant défaut suffirait pour me rendre fou, si je ne plaçais deux bras de l'Océan, le canal de Saint-Georges et la Manche entre mon épouse et son époux.

DE LA HAINE.

XXIV

— En vérité ! — dit Macdougall en roulant des yeux ternes comme un homme qui n'a pas eu le temps, à cause de ses affaires, de songer à la jalousie. — Ah ! vous êtes jaloux à ce point, Albin !

— Je suis inconstant, Macdougall, par spéculation adroite. L'inconstance supprime la jalousie. Le mois dernier, quand vous étiez en Amérique, j'aimais une petite blonde, donnant sur le roux, qui m'a rendu, pendant une longue semaine, l'homme le plus malheureux de Dublin. Par bonheur, je n'étais pas marié. Un beau soir, je lui retirai mon amour et ma main. J'ai souffert des tourments inouis pendant vingt-quatre heures, et je me lançai dans trois intrigues pour me guérir. Voilà les avantages du célibat.

— Et les trois intrigues marchent toujours, Albin ?

— Marchent très-bien, avec quelques

autres supplémentaires. Cela me compose une vie charmante qui m'étourdit, m'exalte, et ne laisse pas aux horloges un quart-d'heure d'ennui à me donner. Un seul amour donne l'esclavage, dix caprices donnent la liberté. La liberté!

A ce mot, Albin prit une pose d'exaltation séraphique.

Ils étaient arrivés à l'angle de la rue de mistress Lavinia. Macdougall prit la main d'Albin :

— C'est donc décidé, dit-il, vous ne m'accompagnerez pas dans ma visite?

— A quoi bon, Macdougall?... Je rendrai mes hommages à mistress Lavinia au bal; et, après votre mariage, je ferai mes visites de politesse les jours de réception.

— Mon cher ami, dit Macdougall, je serais au désespoir de vous contrarier dans la moindre chose... je vous verrai probablement demain, n'est-ce pas?

— Nous nous verrons tous les jours, Macdougall. Adieu!

Macdougall entra et retrouva la jeune veuve, comme il l'avait quittée, la veille, froidement polie et affectueuse. Ce qui ne l'étonna point : il avait trouvé le motif.

Le futur époux fit à lui seul presque tous les frais de la conversation. Lorsqu'il raconta le catastrophe de la maison de Phœnix-Parck, et qu'il fit la peinture des ravages que l'humidité y avait faits, Lavinia suspendit son travail de broderie et ouvrit des yeux de somnambule, qu'elle fixa sur Macdougall. Une pâleur subite couvrit le visage de la veuve ; un frisson convulsif agita ses épaules, et sa main brûlante portée à son front le sentit glacé.

Macdougall ne remarqua pas cette agitation extraordinaire. Il y a des hommes qui exercent leurs yeux à ne voir qu'eux-mêmes.

L'offre et le don de la maison de quatre mille deux cents livres fit une diversion assez heureuse. Lavinia paya cette maison avec un sourire. Voici la réflexion qu'elle fit :
« Puisque je suis condamnée à épouser un homme que je n'aime pas, il faut que je prenne quelques dédommagements avec

ses libéralités. » Il fut donc convenu que Lavinia quitterait sa triste maison de veuve dans trois jours, et qu'elle irait s'établir, avec son oncle Goldrige, dans la délicieuse maison, présent de noces de son époux. Macdougall, au comble d'une joie relative, se leva, prit respectueusement la plus belle des mains et la couvrit de ses lèvres écossaises.

Il s'arrêta sur le seuil de la porte du salon, et dit, avec un sourire de raillerie :

— Ah! j'avais oublié de vous dire, ma chère Lavinia, qu'Albin de Servian est arrivé à Dublin.

Le mouvement que fit Lavinia fut imperceptible : elle le combina d'ailleurs très-bien avec une secousse légère donnée par ses mains à sa robe, comme si elle eût voulu en arranger les plis.

— Je lui ai proposé de m'accompagner ici, chez vous, — poursuivit Macdougall; — il a refusé.

— Il a bien fait, — dit la jeune femme peignant ses boucles avec deux doigts devant son miroir.

— Savez-vous ce qu'il m'a dit? — ajouta Macdougall en riant.

— Voyons. — Et elle poussa du pied un tabouret pour le mettre en symétrie avec l'autre.

— Il m'a dit : « Mistress Lavinia me déteste.

— Ah ! il ne se trompe pas ! — et elle

accompagna ces mots d'un rire sérieux.

— Allons! allons!—dit Macdougall avec un ton compâtissant, ma chère Lavinia, il ne faut pas garder rancune à ce jeune homme. Je veux vous réconcilier..... au fond, il ne vous a fait aucun mal. Vous le détestez par caprice de femme... sans motif grave... n'est-ce pas?

— On déteste les gens parce qu'on les déteste, — dit Lavinia d'un ton rapide et sec. — Il y a des répugnances naturelles comme cela.

Macdougall haussa les épaules jusqu'à la hauteur des oreilles, s'inclina, mit une seconde fois sous ses lèvres la main de la veuve, et sortit.

Le soir de ce jour, la rue était très-sombre; le hasard ou un accident calculé avait éteint la lanterne de gaz placée devant la maison de Lavinia. Dix heures sonnaient à Saint-Patrick. Les voisins dormaient. Une ombre souple et mystérieuse se glissa sur le trottoir, avec la légèreté d'une âme qui ne traîne plus son corps. L'ombre, qui, malgré son allure surnaturelle, paraissait craindre les hommes de la police terrestre, s'arrêta devant une fenêtre basse de la maison de Lavinia, et plongea des regards avides dans le salon, à travers les lames de la persienne. Le salon était noir et silencieux. L'ombre fit un mouvement de satisfaction; puis elle leva la tête, comme pour rapprocher, autant que possible, les oreilles de l'étage supérieur. Même silence. Cette maison dormait comme les autres. L'ombre parut contente de son exploration ; elle reprit son vol et s'évanouit.

Tout le monde ne dormait pas.

Une autre ombre, debout, immobile et sans souffle, allongée derrière les persiennes sombres du balcon, regardait passer le mystère de la rue avec une délicieuse terreur.

Lavinia regardait passer Albin de Servian.

L'horloge ambulante criait dans le lointain, d'une voix sourde, lente et mélancolique, l'heure de la nuit : « *Half past ten !* »

Hélas ! notre siècle positif a retranché

sur le cadran l'heure des veillées de l'amour ! le gaz hydrogène et la police hydrophobe ont détruit la nocturne poésie et les doux entretiens de la fenêtre et du pavé. Ainsi, vous disparaissez sans retour, nuits mystérieuses, galantes sérénades, voiles blancs agités sous les persiennes, échelles de soie suspendues aux balcons, mandolines invisibles, scènes charmantes que les étoiles regardaient en riant et ne trahissaient pas! Cherchez aujourd'hui, dans nos grandes cités d'Europe, une seule guitare suspendue au col d'un amoureux ambulant! La guitare est passée à l'état de Psaltérion et de Cinnor : les méthodistes l'ont mise dans leurs psaumes, en haine du roi David. La

guitare est morte avec la galanterie et
l'amour. J'ai vu le dernier de ces instruments à Manchester ; un mélancolique
élève de Byron en pinçait, sous une fenêtre, sur la place d'*Old-Church,* la vieille
église. L'infortuné jeune homme avait été
poussé à ce délit municipal par une gravure de Don Juan. Un agent de police
accourut, et brisa la guitare avec un courage digne d'une meilleure action. L'amoureux voulut venger son instrument ;
la patrouille entière se rua sur lui, et le
plongea dans un cachot, où il gémit encore, sans accompagnement. En 1845 —
j'ai vu la dernière échelle de soie à Brighton, ville de liberté : cette échelle se balançait, à minuit, sous un Almaviva de

vingt ans, lequel fut arrêté au dixième échelon, et condamné, pour violation de domicile et escalade nocturne, à cinq ans de prison cellulaire, et à une amende de dix mille francs. Les réverbères ont blessé les troubadours, en 1786, le gaz hydrogène les a tués. Heureusement l'Afrique nous reste, et la poésie du vagabondage amoureux peut vivre encore un demi-siècle, au pied de l'Atlas. Là, comme le dit, dans une peinture délicieuse, Ausone de Chancel ; là, quand notre horloge

> De son timbre strident
> A dit, il est minuit ! en prose d'occident,
> D'une maison à l'autre, alors, et sur les dômes
> Blanche apparition, des formes de fantômes
> S'appellent de la main.....

Les galants troubadours, nocturnes

amoureux que le savant Raynouard a célébrés en deux volumes, ont été invités à se réfugier en Afrique par les autorités de la Provence, patrie des troubadours : malheur à celui qui voudrait exercer sa noble profession dans ce pays méridional, illustré par ses pères ! Il tomberait aux mains des patrouilles grises, des juges d'instruction et des procureurs du roi. Les douces *sirventes,* chantées à minuit sous les fenêtres, seraient traitées de *tapages nocturnes.* Il y a vingt arrêtés municipaux qui ont prévu ces cas. Aussi, toute notre jeunesse de vingt ans est grave comme une Charte. Le mariage est devenu une affaire. On ne procède plus à l'hyménée par cinq ans de sérénades, de romances nocturnes, de

veillées ambulantes sous les balcons de
fleurs, par toutes ces charmantes choses
étoilées, qui réjouissaient les jeunes filles,
et donnaient ensuite tant de gaîté aux enfants de ces hymens! On s'épouse aujour-
d'hui avec une solennité constitutionnelle,
qui bientôt supprimera le sourire sur l'austère visage des écoliers.

Et les fantômes aussi s'en vont! Si le
moindre revenant osait se montrer dans
une rue, à la clarté du gaz délateur, il serait mis en pièces, comme le spectre de
Brutus, la veille de la bataille de Philip-
pes. D'ailleurs, on ne croit plus aux fantômes; aussi, me suis-je empressé d'écrire
l'histoire du dernier. Dieu veuille que le

lecteur frémisse encore une fois à mon récit !

A dix heures du matin, la veille du septième jour, M. Goldrige installa sa nièce, mistress Lavinia, dans la maison nuptiale de *Saint-Martin square,* où il s'était choisi lui-même, pour résidence définitive, l'appartement du propriétaire prédécesseur.

Une donation en bonne forme rendait mistress Lavinia maîtresse absolue de cette charmante maison.

UN PIEUX PÉLERINAGE.

XXV

Au dernier jour de son veuvage, la jeune femme crut devoir, suivant l'ancienne coutume des veuves de Kerry, rendre une dernière visite au tombeau de son mari premier; politesse sans conséquence, et préférable, sans doute, aux coutumes incendiaires des veuves du Malabar. Lavinia profita de l'occasion pour rentrer, quelques heures, dans une de ces jolies robes de deuil qui divinisaient la blancheur de son col et l'éclat de son teint. Tout pèlerinage pieux devant être accompli à pied, elle suivit modestement, comme une simple mortelle, les rues des vivants qui mènent toutes aux fosses des morts; ce pèlerinage lui procura l'enivrant bonheur de marcher entre deux haies d'admiration et d'extases publiques. Les savants de Belfast, et les jeunes gens des universités en vacances, voyant ainsi passer notre veuve, la comparaient à la princesse Andromaque aux beaux bras, lorsqu'elle allait au Lavoir public, sous les portes de Scée, blanchir les tuniques d'Hector.

Des groupes de jeunes hommes graves, et de vieillards étourdis, se donnèrent le plaisir innocent de suivre, à distance convenable, la belle Lavinia. Il y a en effet quelque chose de bien doux au fond de cette impolitesse de curiosité, mise en pratique par des oisifs de bonne éducation. Une jolie femme passe, les yeux baissés, dans une attitude de recueillement, sans provoquer l'insolence du regard ou de la calomnie. Le jour est beau; l'ombre est tiède; le pavé sec; l'atmosphère amoureuse : on suit cette femme; on la suit nonchalamment, sans aucune intention mauvaise, comme s'il fallait céder à une impérieuse attraction magnétique ; on aime à mettre le pied sur l'empreinte de ses pieds ; on aime à courir dans l'air qu'elle déplace, dans le sillon fortuné qu'embaume le parfum de ses cheveux — respectons cet usage, malgré son impolitesse apparente ; il est antérieur au siége de Troie, et Homère l'a chanté, lui qui était aveugle, et qui n'a jamais suivi de femme dans les rues de Smyrne, ou sur le sable de l'archipel Ionien.

Cette fois, la curiosité se serait élevée jusqu'à la profanation et au sacrilége, si elle ne se fût imposé pour limite, la porte funèbre dont la jeune veuve franchit le seuil avec une gracieuse légèreté.

Et l'on disait parmi les groupes de curieux : « Pauvre femme ! pauvre veuve ! Comme elle est touchante dans son malheur ! Quel mari adorable cette inconsolable épouse a perdu ! »

Le monde, ce grand trompé, dit toujours des choses comme celles-là.

Lavinia connaissait très-bien l'itinéraire de la *nécropolis* de Dublin [*]; elle suivit l'allée de cyprès et de jeunes sapins, aboutissant au tombeau de son mari; et, arrivée sur le terrain familier à son ancienne douleur, elle poussa un cri sourd, et recula quelques pas en ouvrant ses plus grands yeux, et leur donnant l'éclat de l'éme-

---

[*] J'ai lu ce mot *Nécropolis* sur la porte de beaucoup de cimetières dans le nord de l'Angleterre.

raude phosphorescente qui luit, sur les herbes, dans les nuits du milieu de l'été.

Le tombeau de son mari avait disparu.

Impossible de se tromper sur la place. Tous les marbres qui s'élevaient autour, et qui servaient de point de reconnaissance, étaient debout. Un seul manquait à ce quartier de la cité des morts.

Les femmes irlandaises ont encore toutes les heureuses superstitions des anciens temps. A défaut des vérités qu'il cherchera toujours, le monde à son berceau avait inventé des erreurs amusantes. Le peuple d'Irlande a conservé ces erreurs : je ne le plains pas; je nous plains.

La jeune veuve, appuyée contre le bois poli et creux d'un cyprès mort, se rappela soudainement cette promesse terrible que son époux agonisant allait lui arracher; promesse qu'elle ne formula pas, il est vrai, mais par un motif que le hasard lui envoya comme un secours.

Il s'est vengé! — se dit Lavinia, toute tremblante — il s'est vengé! il m'a retiré son tombeau..... Mon pauvre mari!... il était si bon quand il vivait!... il ne m'aurait pas donné une secousse aussi affreuse... Comme les caractères changent avec le temps!... il a enterré son tombeau!... il a tort d'ailleurs... Je n'ai rien promis... je lui ai gardé fidélité deux ans... Mistress Anna Hodges, ma cousine, s'est remariée le treizième mois... et personne ne s'en est formalisé.

Ces paroles descendaient timidement des lèvres de Lavinia sur les hautes herbes, et prononcées à voix basse, pour ne pas blesser l'oreille d'un invisible auditeur.

Le lieu était désert et assez triste, mais le soleil du matin riait avec tant de gaîté scintillante sur les sépulcres voisins, que Lavinia ne ressentait qu'une terreur douce et fort tolérable. Les tombeaux n'épouvantent guère à dix heures du matin, en été, lorsqu'il ne pleut pas. Si les Grecs ont fait de la mort une chose amusante, c'est qu'ils en parlaient toujours au grand soleil.

Insensiblement Lavinia s'habituait à l'absence du tombeau, et ses yeux parcouraient les diverses épitaphes voisines, lorsqu'un second cri d'effroi sortit de sa poitrine, avec un nouvel accès de terreur. Le tombeau n'était pas absent. Il était là, devant elle, mais étincelant de ce luxe posthume que les morts comme il faut, aiment à déployer sur leurs cendres. Le nom de Lavinia y brillait en lettres d'or, et l'épithète *inconsolable* était supprimée, sans doute, pensait la veuve, par la main de l'époux furieux. Aux quatre angles, se tordaient quatre statues, versant des larmes de marbre, à travers l'inondation d'une chevelure au désespoir. Quatre épigrammes sculptées contre Lavinia, et toujours, sans doute, par la même main!

La raison de Lavinia était si violemment troublée, qu'il lui sembla que ce tombeau venait de s'élever en ce moment au-dessus des herbes — il n'était pas là — dit-elle, en le désignant du doigt — il n'était pas là quand je suis arrivée !

Un frisson glacial courut sur son corps, et elle s'éloigna précipitamment, de peur de voir apparaître le mort à la suite de son tombeau. Le frôlement de sa robe l'épouvantait dans sa fuite, et quand une arête de plante épineuse accrochait un pli de l'étoffe et la faisait grincer, elle se précipitait à genoux sur le gazon, les mains jointes pour demander grâce à l'ombre invisible qui l'arrêtait. Puis, en reconnaissant l'erreur, elle souriait pour se donner du courage ; et versait ensuite quelques larmes pour éteindre ce sourire involontaire et scandaleux. Enfin, elle respira sur le seuil du domaine des vivants. Elle s'enivra de toutes les voluptés de la convalescence, après la maladie de l'effroi. Elle revit les rues animées de foule ; les balcons égayés de persiennes, de têtes blondes, et de fleurs; les jolis enfants, mêlant leurs éclats de rire sur la pelouse des *squares*; les belles dames, inclinées sous l'ombrelle, assises, avec nonchalance, dans leurs équipages, lancés au vol sur les pavés. En voyant une grande cité vivre ainsi de cette large et bruyante vie, on oublie aisément la mort, même après une visite aux tombeaux.

C'est le bon côté des villes ; elles nous étourdissent ; elles contrarient nos ennuis ; elles nous donnent des distractions folles et salutaires ; elles blanchissent nos pensées dans le cerveau. Pourtant Lavinia éprouva encore un saisissement subtil, en passant, sur la lisière de Phœnix-Park, devant cette maison, dévastée par l'infiltration des eaux, et qui devait être sa maison nuptiale. — Si c'était l'Ombre en courroux qui l'avait ravagée ainsi, pour la rendre inhabitable ! — Telle fut la pensée de Lavinia. Heureusement, elle fut obligée de traverser un vol de jeunes gens, qui exécutaient un joyeux concert de paroles et d'éperons ; et elle ne songea plus à la maison dévastée de Phœnix-Park.

Elle rentra dans sa charmante propriété de *Saint-Martin square,* où elle fut reçue par son oncle, sa femme de chambre, et le fidèle Norris, vieux domestique de son mari, congédié pour cause de pauvreté, au premier mois du veuvage; et rentrant aujourd'hui, avec la richesse, dans cette splendide maison.

LES PRÉPARATIFS.

XXVI

A quel dégré de tendresse, d'affection, ou d'indifférence se trouvait à cette heure Albin de Servian dans la pensée de Lavinia ? C'est ce que l'observateur le plus subtil n'aurait pu préciser. Albin n'avait plus reparu, même la nuit, dans la rue, à l'état d'ombre, sous les fenêtres de la veuve : il n'était pas oublié ; il était voilé. L'opulence improvisée laisse quelquefois les hommes assez calmes, mais elle enivre les jeunes femmes, car, à leurs yeux, presque toujours, le principe du bonheur est un ruisseau d'or monnayé. Il est possible qu'elles n'aient pas tort. Les femmes ont sans cesse des prévisions maternelles, même à leur insu; et elles songent, bien plus que les hommes, à l'aisance dorée de leurs enfants, avant le berceau. Chez nous, l'amour de la richesse est un sentiment égoïste; chez les femmes, un sentiment maternel. Cette cause d'enivrement spontané admise, ou exclue, notre jeune et assez légère Lavinia s'élança d'un pied de gazelle sur l'escalier de sa maison, pour l'admirer dans tous ses détails, et s'en réjouir devant tous ses miroirs. La chambre nuptiale surtout lui arracha une longue série de cris enfantins. Chaque étoffe, chaque meuble, chaque fantaisie, chaque rien fut honoré d'un regard, d'un sourire, d'un éloge, d'une estimation approximative. Les domestiques et l'oncle suivaient Lavinia, et psalmodiaient, après ses monologues de surprise, un chœur de ravissement, comme dans la tragédie grecque. On ouvrit les fenêtres du balcon, et le jardin, orné de son cottage, se révéla aux pieds de la jeune femme, avec toute sa parure d'été. En ce moment, le voluptueux démon du midi parlait cette langue amoureuse, formée du murmure des feuilles, du bruit des eaux vives, et des chansons des petits oiseaux. Lavinia posa son coude droit sur l'acajou du balcon, et soutenant son menton d'ivoire, avec sa main, elle se mit à rêver. Probablement, elle avait oublié la scène du tombeau..... Bientôt, hélas !.....

Au commencement de ce siècle florissait un romancier illustre dont le nom n'est pas arrivé jusqu'à vous. Il se nommait Ducray-Duminil, je crois. C'était un écrivain doué de candeur, et de quelques autres vertus non-littéraires. Lorsqu'il arrivait au passage le plus effrayant de son histoire, il avait contracté l'habitude de s'écrier, avec un accent inimitable de conviction.... *Mais n'anticipons pas sur les événements ! des malheurs menacent notre héros, et ils me font trembler moi-même qui suis son historien !* A l'époque littéraire où ces naïvetés, dignes de l'âge d'or, avaient cent éditions, l'Empereur passait en revue la garde impériale et gagnait la bataille d'Austerlitz.

Mais n'anticipons pas sur les événements ! comme disait ce bon Ducray, qui avait gagné vingt-cinq mille livres de rente avec cette exclamation, et qui a fondé l'hôtel Montesquieu, où il se logeait gratis, comme un orphelin du hameau.

A l'heure du lunch, Macdougall vint faire sa dernière visite de célibataire à mistress Lavinia. Son maintien perdait insensiblement ses anciennes formes respectueuses, et montrait une tendance légère vers la familiarité. Cette fois, il aventura ses lèvres sur le front de la jeune femme, dont le veuvage tombait avec le soleil. On se promenait sur la terrasse, sous un abri de feuilles, doublées d'une tente de coutil chinois.

— Enfin ! ma chère mistress — disait Macdougall toujours essoufflé — tout est terminé. Mes invitations courent la ville. Nous aurons demain, à notre bal de noces, le beau monde de Dublin. Il y en a beaucoup de ceux de la noblesse qui viendront. C'est promis. Demain, à l'aube, cinquante ouvriers entreront par la petite porte du jardin, et changeront cette terrasse en vaste salle de bal. J'ai mille invités. Le *Dublin-Cronicle* annonce notre mariage. On ne parle que de cela. C'est la nouvelle du jour... Je suis envié, ah! comme il n'est pas possible de l'être davantage! Demain, à quatre heures nous nous rendons, chacun de notre côté, vous avec vos parents, moi avec mes amis, à la maison de l'office matrimonial. Je ferai stationner mon carrosse de Milne, chez l'enregistreur du district. A cinq heures, au Temple, à six, festin de noces. Cinquante couverts. La musique des dragons de *Cold-Stream* dans le jardin. Des fleurs partout. Des fontaines de raffraichissements partout. On parlera de notre mariage dans mille ans. Après-demain, nous partons pour mon cottage de *Clinton-Hill*, où nous passons notre premier mois. Cela vaut bien mieux qu'une hôtellerie, comme *Star and Garter*, où les nouveaux mariés de Londres vont savourer leur lune de miel... Que dites-vous de ce plan, ma chère Lavinia?

Lavinia marchait à côté de son futur époux ; elle tenait ses bras croisés négligemment sous le sein, et, la tête un peu inclinée, elle paraissait examiner avec beaucoup d'attention la pointe de ses pieds au bas de sa robe. La demande de Macdougall lui arracha un sourire tiraillé, avec cette réponse :

— Mais, monsieur Macdougall, votre

plan me paraît bon, et je ne puis que l'approuver.

— Maintenant, chère Lavinia, je n'y changerai pas une syllabe. Un plan approuvé par vous est sacré..... J'ai choisi mes deux témoins pour la cérémonie..... deux vieux amis de collége ; je vous les présenterai demain....

— Leurs noms? — demanda Lavinia d'un ton indifférent.

— Messieurs Simpson et Gooday, armateurs à Kingstown. J'avais songé à ce fou d'Albin de Servian ; mais il est absorbé par ses propres affaires. Je l'ai vu hier. Il sortait de chez l'enregistreur. Il se marie dans dix-huit jours..... Vous vous êtes blessée au pied, Lavinia? — s'écria Macdougall en inclinant son torse pour examiner le terrain. — Votre pied a heurté ce caillou... oui... donnez-moi le bras.... appuyez-vous sur moi... reposez-vous un instant... là... sur cette banquette... l'autre jour, aussi, je me suis heurté du bout du pied contre une brique... oh ! j'ai failli m'évanouir..... Nous avons dans les nerfs de là-bas une sensibilité... Vous vous trouvez mieux, Lavinia ?..... Oui..... il n'y a qu'un instant de douleur, mais elle est vive..... Cela vous a fait pâlir; c'est singulier !..... Bon ! vous souriez; nous sommes guéris.

Macdougall prit la main de Lavinia et la serra tendrement.

Et il s'assit ensuite familièrement à ses pieds, sur le gazon.

— Cela m'a fait oublier le sujet de notre entretien, — dit-il en regardant la cime des arbres ; — nous causions de..... de...

— Nous causions de l'hôtellerie de *Star and Garter*, — dit Lavinia d'une voix faible, mais qui avait un ton naturel, quoique imposé par la nécessité ; — je crois que c'est l'enseigne de l'hôtellerie de Richmond, n'est-ce pas ?

— Justement, — dit Macdougall ; — c'est une hôtellerie qu'on peut appeler nuptiale..... A vrai dire, chère Lavinia, j'aime beaucoup cet usage de notre pays. En France, les nouveaux époux restent en ville, dans leur maison, au sein de leurs familles, et assiégés par les visites de leurs amis... eh bien! c'est gênant... c'est..... que vous dirai-je?... je ne sais pas quoi... vous comprenez..... l'usage anglais vaut cent fois mieux. On se marie. On disparaît. En rentrant dans le monde, il semble que le mariage est déjà vieux de dix ans... approuvez-vous notre usage, belle Lavinia?

— Oui, monsieur Macdougall.

— Quel excellent naturel! chère femme! elle approuve tout...... oh! vous me contrarierez bien un peu dans l'avenir.... il y a tant de choses où des époux ne sont jamais d'accord... l'éducation des enfants, par exemple...... Moi, j'ai un système. Je

suis l'ennemi de l'éducation publique.....
Nos enfants seront élevés chez nous. J'ai
déjà deux précepteurs sous la main. Deux
savants de Belfast, ville où les savants
abondent, comme les mendiants ici. Quant
aux filles, je vous les abandonne, Lavinia ;
vous les élèverez à votre fantaisie... Je me
réserve les garçons. A chaque précepteur,
je donne cent livres d'honoraires, la table
et le logement. Maîtres de français, d'italien, de musique et de dessin.... eh ! que
dites-vous de mon système, adorable Lavinia ?

— Je l'approuve, monsieur Macdougall.... Je ne sais si je me trompe... mais
il me semble que, tout-à-l'heure, vous

avez parlé du mariage de..... d'un de vos amis...

— Oui, Lavinia..... oui... c'est juste ; vous m'y faites penser... Ce fou d'Albin... il se marie !..... ne voulait-il pas me faire consentir à retarder mon mariage pour le célébrer avec le sien ?

— Quelle idée !

— Mais Albin n'a que des idées comme celle-là.

— Vous a-t-il nommé la personne..... qu'il...

— Sa future ?... ah ! vraiment, Lavinia, je n'ose vous la nommer.

— Vous la connaissez, monsieur Macdougall ?

— Si je la connais! tout le monde la connaît! et elle connaît tout le monde..... Vous nommeriez toutes les femmes de Dublin, Lavinia, et vous ne devineriez pas la future comtesse de Servian.

— Voilà qui excite ma curiosité d'une façon singulière, — dit Lavinia en jouant avec la frange de son écharpe d'azur; — je devine très-difficilement, moi, monsieur Macdougall.

— Il faut venir à votre secours, Lavinia; car vous chercheriez toute votre vie. Albin épouse miss ou mistress Géraldina.

— Demoiselle ou veuve?

— Dieu le sait!

— Que dites-vous là, monsieur Macdougall?

— Écoutez, Lavinia..... avez-vous vu jouer *Othello*?

La jeune femme tressaillit et regarda fixement Macdougall, qui répéta sa question.

La seconde fois, Lavinia fit un signe affirmatif.

— Eh bien! — poursuivit Macdougall, alors vous connaissez miss ou mistress Géraldina. C'est elle qui joue Desdemona.

Les yeux de Lavinia prirent une nuance qui n'existe pas sur la palette de notre soleil.

— Et qui vous a dit cela? — demandat-elle après une pause, — qui vous a dit cela, monsieur Macdougall?

— Lui.

a-t-elle après une pause, — qui vous a dit
cela, monsieur Macdougall?

— Luk —

DÉPIT.

XXVII

Une rosée ardente humecta le front de Lavinia, et la pâleur de l'agonie couvrit son visage.

— Oh! ne vous effrayez pas, ne vous alarmez pas, poursuivit le candide Macdougall; je devine vos craintes. Albin est mon ami : il le sera tant qu'il voudra l'être ; mais quant à sa femme, c'est autre chose. Qu'il épouse des comédiennes si bon lui semble; personne n'a le droit de s'y opposer, à condition que madame Géraldina de Servian ne mettra jamais le pied chez madame Lavinia Macdougall. Entre hommes, c'est sans conséquence. Nous nous rencontrerons, Albin et moi, dans la rue, à la promenade : adieu, mon cher; bonjour; un serrement de main, en courant, et rien de plus. Nos deux femmes ne se visiteront jamais. Soyez bien tranquille sur ce point, ma chère Lavinia. Vous aurez des amies de votre rang, des amies dignes de vous, et qui ne vous fe-

ront jamais rougir, car vous les choisirez, avec votre délicatesse et votre raison.....
Êtes-vous contente de moi, Lavinia?

— Très-contente, monsieur Macdougall, — dit la jeune femme, en reprenant encore un courage très-fugitif.

Macdougall se leva et prit une pose fière. Ses lèvres semblaient répéter les dernières phrases de sa tirade, sans l'émission de la voix.

— Il faut voir des choses bien étranges en ce monde! dit Lavinia d'un ton philosophique.

— Bien étranges! bien étranges! c'est le mot, Lavinia, — dit Macdougall, en se promenant majestueusement, avec l'idée que la jeune femme l'admirait beaucoup dans cette circonstance. — Oui, bien étranges! vous l'avez dit! Ces demoiselles ou ces dames de coulisses ont des prétentions de duchesses, à cette heure. Elles veulent toutes s'établir avec des gentilshommes de haut rang. Il faut dire qu'il y a des imbécilles, parmi la noblesse, qui justifient ces prétentions. Albin n'est pas le premier, et ne sera pas le dernier..... Au reste, rien ne m'étonne de la part de cet original. Il a joué tous les rôles. Je l'ai connu froid et muet comme la pierre de cette fontaine. Aujourd'hui, il tranche de l'homme charmant : vous ne sauriez croire avec quelle légèreté il m'a annoncé son mariage : « — Eh bien ! m'a-t-il dit en se suspendant à mon bras, — il y a une épidémie de célibataires à Dublin. Tout le monde se marie pour échapper au fléau. Je suis des vôtres, moi aussi. Une femme m'épouse. Hier, on a enregistré mon écrou au greffe du district. Il faut bien faire, dans sa vie, une sottise, pour ne pas humilier nos voisins. Connaissez-vous la belle dame qui m'aura? C'est l'artiste à la mode; c'est la princesse Géraldina; c'est lady Macbeth; c'est Ophélia. Je me marie avec le sérail de Shakspeare. Ma future donne une représentation à bénéfice, vendredi prochain; elle gagne ses dernières deux mille livres, à deux livres le billet, et le lendemain, elle donne congé à son directeur et au public.

— Oh! je le reconnais bien à ce langage d'étourdi! — dit Lavinia; — il me semble que je l'entends... quelle folie!... Laissez-moi rire à mon aise, monsieur Macdougall...

— Eh bien! je ne ris pas, moi, chère Lavinia. Il y a des actions qui excitent la pitié. Je plains de Servian. Cette femme le ruinera, vous verrez.

— Mon Dieu! que m'importe cela! — dit la jeune femme avec indifférence. — Chacun est libre de se marier comme il lui plaît

— Comme il lui plaît; c'est juste, Lavinia, vous avez raison. A quoi bon d'ailleurs nous occuper des autres? en ce moment, surtout.

Il croisa ses mains, allongea les bras,

pencha sa tête sur l'épaule, et mit sur sa ronde et fraîche figure la contraction sentimentale du bonheur.

— Oui, belle Lavinia, poursuivit-il ; ma vie, ma véritable vie commence demain. Qu'ai-je fait jusqu'à ce moment? j'ai gagné de l'or, voilà tout. Richesse inutile, si je ne pouvais la déposer à vos pieds. Demain! demain! chère Lavinia!.. Oh! pourquoi demain n'est-il pas aujourd'hui?

— Monsieur Macdougall — dit Lavinia en se levant et ajustant les plis de sa robe — si demain était aujourd'hui vous ne seriez pas prêt. Vous avez encore bien des choses à faire dans ces vingt-quatre heures. Songez que vous avez invité tout Dublin à votre bal, et qu'il faut beaucoup de préparatifs pour recevoir Dublin ici.

— Adorable! adorable! dit Macdougall; il est impossible de me congédier avec plus de grâce. Vous avez et vous aurez éternellement raison. Je veux faire inscrire cette maxime dans notre contrat de mariage. Oui, j'ai bien des choses à terminer; mais, ici, auprès de vous, j'oublie tout, même mon mariage.

— Songez, monsieur Macdougall, que nous aurons, après-demain, beaucoup de temps à vivre ensemble.

— Toute notre vie, ma divine épouse!...

— Vous voyez que ce sera long, monsieur Macdougall.

— Pas aussi long que l'éternité, malheureusement.

— Ah! vous êtes trop exigeant, monsieur Macdougall; contentez-vous de la vie. Vous demanderiez mille fois le divorce avant la fin de l'éternité.

— Au nom du ciel, ma belle Lavinia, dites-moi un mot, un seul mot de tendresse.

— Je n'ai pas le temps aujourd'hui, monsieur Macdougall. Si vous avez vos dernières occupations de célibataire, j'ai les miennes, aussi. Il me faut changer quatre fois de robe demain, et je n'ai pas encore fait mon choix : j'attends mes femmes de toilette. Il me faut un entourage de conseillers, comme au vice-roi. Ah!

je connais le mariage, monsieur Macdougall ! je ne sors pas du couvent.

— Ainsi, ma chère femme, recevez mon dernier adieu de célibataire. Je vous quitte pour ne plus vous quitter... A demain, à quatre heures précises à l'office du magistrat du district. Quel siècle !

Des larmes, violemment retenues, coulèrent sur les joues de la jeune femme, quand Macdougall fut sorti. — Il m'aimait; il m'aime encore, ce malheureux Albin ! — se dit-elle en couvrant sa figure avec son écharpe — il se marie par désespoir... c'est sûr... il épouse une femme indigne de lui... c'est une espèce de suicide... Et moi, moi ! je suis obligée de me sacrifier ! Albin s'est sacrifié à son ami... pauvre jeune homme !

Elle essuya ses larmes, et entra dans la maison pour songer sérieusement aux préparatifs de ses toilettes de mariage. Heureux naturel de femme irlandaise, touchant l'héroïsme de la résignation !

Elle joua, jusqu'à la nuit, avec sa corbeille de noces, et à dix heures, elle se retira dans sa chambre nuptiale, et congédia ses domestiques sur le seuil.

La chambre avait une physionomie joyeuse, et pourtant Lavinia éprouvait, par intervalle, de légers frissons, comme si elle eût habité l'appartemeut démeublé de quelque vieux château suspect. L'impression toute récente de sa funèbre visite du matin revivait en elle, sans doute; et c'est ainsi qu'elle s'expliquait ses accès intermittents de terreur. La fraîcheur amie lui arrivait des fenêtres ouvertes, mais voilées par les persiennes, et l'invitait à s'approcher du balcon. Une idée subite vint aussi faire diversion aux inquiétudes du moment. Lavinia se persuada qu'Albin de Servian viendrait, une dernière fois, se glisser comme une ombre sur le trottoir de *Saint-Martin square*, et quoique cet homme fût perdu pour elle sans retour, elle aurait été ravie de le voir innocemment une dernière fois. Les bougies éteintes, et la veilleuse de porcelaine allumée, elle se voila des persiennes abattues, et plongea ses yeux dans les ténèbres nocturnes, sillonnées de rayons de gaz. Le *square* était désert et triste. Au milieu de la pelouse s'élevait une statue dont la raide immobilité fatiguait le regard. De temps en temps l'ombre mélancolique d'un bourgeois de Dublin s'arrêtait devant une porte, secouait son marteau, faisait aboyer un chien, et le silence, un moment interrompu, reprenait son caractère sinistre. Les cloches catholiques, et les clochers protestants, se renvoyaient, avec monotonie, les quarts de toutes les heures, et un chœur général exécuta bientôt les douze coups de minuit, en les mêlant, les uns aux autres, dans une psalmodie de voix d'airain.

L'ombre d'Albin de Servian ne parut pas.

Lavinia secoua mélancoliquement la tête, et poussa un soupir.

Elle tressaillit; il lui sembla que ce soupir avait trouvé un écho : elle soupira une seconde fois; l'écho resta muet. C'était une erreur : la nuit est la mère des erreurs.

Une pesanteur de cerveau, qui ressemblait au besoin du sommeil, l'attira machinalement vers le lit. Elle venait de fermer ses fenêtres ; et trop faible pour se déshabiller, elle se coucha, presque assoupie, après avoir ôté fort peu de chose à sa toilette du jour.

Elle regarda une dernière fois la lumière pâle qui tremblait dans la veilleuse, et semblait faire vivre, et danser en rond, les figures noires peintes sur la porcelaine. Puis Lavinia ferma les yeux.

Elle les rouvrit subitement, et, se levant à demi sur ses mains crispées par la terreur, elle jeta dans la chambre un regard rapide et désolé.

Une voix souterraine et gémissante venait de lui dire à l'oreille son nom : Lavinia !

LA NUIT AVANT LA NOCE.

XXVIII

Dans les descriptions que les poètes nous ont données du palais du Sommeil dans les monts Cimmériens, le vestibule n'a pas été oublié. On trouve d'abord une avenue semée de pavots, un lac émaillé de fleurs de nénuphar, un escalier de gazon du plus fin velours; puis le vestibule. Dans cette première pièce, on ne dort pas; on se dispose à dormir. Le sommeil arrive par gradations subtiles, et les poètes ont fait avec intelligence le devis de ses appartements. Dans le vestibule règne une vapeur opiacée qui met une gaze entre le cœur et le cerveau pour intercepter légèrement toute correspondance entre ces deux organes. On ne veille pas, on ne dort pas; on a le sentiment intermédiaire de ces deux fonctions.

Lavinia entrait au vestibule du palais du Sommeil, lorsqu'elle entendit cette voix lente qui prononçait son nom à son oreille.

C'est le moment où il est si facile de se rassurer après un effroi, en se disant, avec un sourire sérieux : J'ai cru entendre quelque bruit ; ce n'est rien ; je me suis trompé.

La jeune femme était belle à ravir dans la pose que sa terreur lui avait dessinée. Sa tête pâle et charmante, illuminée de ses regards sibyllins, flottait entre deux cascades de cheveux noirs, ruisselant jusqu'à ses genoux. Le torse s'appuyait sur les mains largement ouvertes ; le reste du corps gardait l'immobilité horizontale, comme s'il eût été paralysé par l'effroi.

Une silence profond régnait dans la chambre et au dehors. A peine si on entendait le bruit sourd des fontaines qui coulaient, pour amuser les étoiles, de l'autre côté de la maison. Ce murmure léger avait un charme ineffable ; c'était comme une voix amie qui disait à la jeune femme : Rassure-toi, ton oreille est dupe d'une erreur ; c'est ma naïade qui a prononcé ton nom, parce qu'elle est jalouse de ta beauté.

Lavinia se laissa mollement retomber sur l'édredon, et ferma les yeux pour s'essayer au sommeil.

« Lavinia ! Lavinia ! Lavinia ! »

Oh ! cette fois, le doute était impossible. Ce nom fut prononcé trois fois, et avec cette mélodie lamentable que Weber a notée dans l'évocation du *Freyschütz*, sur le clavier des rêves infernaux.

La jeune femme n'eut pas la force d'ouvrir les yeux, de peur de voir, face à face, quelque horrible apparition intolérable au premier regard.

Un soupir funèbre courut dans les rideaux de l'alcôve, et la voix dit : Lavinia, veuve folle, tu as oublié ta promesse. Tu as vendu la cendre de ton époux, Lavinia, pour un peu d'or ! Le fantôme te poursuivra sur ton lit de noce, coupable Lavinia !

La voix était si voisine de Lavinia, que chaque syllabe, lentement prononcée, glissait, avec un souffle, sur son oreille ; et il semblait même que la mousseline des rideaux tremblait sous l'aspiration de deux lèvres ouvertes sur le chevet. C'était horrible à entendre. Lavinia sentait jaillir des étincelles aux racines de ses cheveux, et le frisson de la mort agitait ses tempes et glaçait son front.

Le cri de détresse, ce cri déchirant que la femme tient en réserve pour l'heure des calamités suprêmes, ne put s'échapper de la poitrine de Lavinia. Elle fit des efforts convulsifs, comme dans l'étouffement d'un rêve; le cri roula dans le larynx, comme s'il eût été arrêté par le lacet de la strangulation.

Alors toutes les horreurs, filles du délire fiévreux, assaillirent l'esprit de Lavinia. Les yeux du corps peuvent se fermer;

les yeux de l'imagination restent toujours ouverts. Elle vit le tombeau de son époux, non plus dans l'irradiation joyeuse d'un jour d'été, mais voilé de ténèbres fulgurantes, avec des statues qui sanglottaient sous leur épiderme de marbre, et ouvraient de grands yeux vivants et humides. Un spectre, couvert du suaire des morts, fendait un angle du tombeau, et les ossements de ses doigts, grinçant avec rage sur l'épitaphe, en effaçaient tous les mots menteurs.

Elle ouvrit involontairement les yeux dans une excitation nerveuse, pour ne pas voir les fantômes de son cerveau, et cette fois le cri trouva une issue, et la maison retentit de ce hurlement féminin qui épouvante même les soldats dans les villes prises d'assaut.

Les yeux de Lavinia ne s'étaient ouverts qu'un instant, mais cet instant avait suffi pour lui montrer la plus intolérable apparition. Quand toute la machine nerveuse fonctionne, le regard le plus fugitif a une perception merveilleuse qui embrasse un vaste tableau dans tous ses détails.

La chambre était remplie de cette odeur nauséabonde qui s'exhale d'une veilleuse mal éteinte. Une lueur de carrefour infernal papillonnait sur le mur, sur le lambris, sur les rideaux; et dans un cadre bien distinct, couleur clair de lune d'automne, se détachait une forme grêle, livide, anguleuse, traînant un suaire terreux, et agitant à l'extrémité de l'os du bras droit, un index menaçant, aigu comme la pointe d'un fuseau.

Lavinia n'avait jamais vu son mari sous cette forme exceptionnelle, pourtant, elle n'hésita pas à le reconnaître, comme on admet tout de suite la ressemblance d'un portrait mal réussi, lorsqu'on arrive devant lui avec une prévention favorable. La jeune veuve eut à peine la force de penser confusément ces trois mots, oui c'est lui!... ensuite, elle ne pensa plus.

Après une mort violente, arrivée avant l'heure, l'âme doit s'échapper avec plus de lenteur, et comme à regret, parce que son moment d'évasion n'était pas venu ; alors il se passe d'étranges choses dans les régions infinies de l'étroit cerveau : c'est la quintescence du rêve; c'est une vision d'étincelles, de flammes rouges, de tourbillons de têtes livides, d'oiseaux sans nom, de crevasses noires, d'eaux souterraines, de montagnes à pic. C'est un concert lointain de cris d'orfraie, de roues d'écluse, d'herbes dolentes, de brises sinistres, d'hymnes funèbres, de glas de cloches, de herses de fossoyeurs. C'est un sixième sens, donné à l'âme dans ces circonstances fatales, et dont l'âme ne jouit qu'un instant.

C'est la seule comparaison qui puisse donner une idée raisonnable de la situation morale de Lavinia, dans cette affreuse crise. Elle n'était pas évanouie, elle n'était pas morte, elle ne dormait pas, elle ne vivait pas. Les hommes qui ont la folie d'être sensés ne comprennent pas ces mystères. Plaignons les victimes du bon sens, ce régime froid qui ne donne d'autre bonheur que l'absence du malheur !

Tout état violent dure peu, surtout dans les organisations vigoureuses, dont les nerfs ont la flexibilité du jonc vert. Quand notre jeune veuve rentra dans la jouissance de ses facultés normales, quatre heures du matin sonnaient aux cloches de la ville, et l'oncle Goldrige était assis à côté du lit, dans une attitude d'observation mélancolique.

Lavinia tressaillit, en ouvrant les yeux ; mais reconnaissant le vieux Goldrige, elle éprouva un sentiment de plaisir ineffable.

— Ah! c'est vous, mon oncle! — dit-elle, en lui tendant la main — y a-t-il long-temps que vous êtes là ?

— Depuis quelques heures, ma chère nièce — dit le vieillard, assez embarrassé de sa réponse — je me suis dit, Lavinia est peureuse dans les maisons nouvelles, je veux veiller auprès de son lit.

— Et par où êtes-vous entré, mon oncle ?

— Par la porte... elle était ouverte.

— Et qui vous a dit que j'avais peur ?

— Ma chambre est à côté de la tienne, Lavinia. Les vieillards dorment peu, ou d'un sommeil léger; j'ai entendu tes cris... poussés dans un rêve, sans doute, et je suis venu.

—Merci, merci, mon oncle... Oui, c'est juste... j'ai eu peur... .Ah! quelle leçon pour les veuves !... La nuit sera-t-elle encore longue ?

— Regarde, Lavinia, voilà les premiers rayons du jour, sur tes persiennes.

— Ouvrez, ouvrez, mon oncle! ouvrez mes fenêtres... Faites entrer la lumière et la vie... Est-ce vous qui avez allumé ces bougies, mon oncle?

— Oui, Lavinia. Ta veilleuse était éteinte quand je suis entré ici.

— C'est juste !... elle était éteinte — dit la jeune femme, en fixant sur le mur des yeux hagards, et caressant avec sa main son front, comme pour y rassembler exactement tous ses souvenirs.

— Demain, tu auras un compagnon, Lavinia — dit l'oncle avec un ton facétieux — tu auras un mari jeune, un montagnard écossais qui n'a pas peur, lui, et qui te donnera son courage... Cela prouve que le métier d'une femme, et surtout d'une veuve est de se marier.

— C'est votre avis, mon oncle?

— Mais, c'est l'avis de tout le monde.

— Eh bien! mon oncle, ce n'est pas le mien.

— Alors, tu te maries contre ton avis, Lavinia?

— Mon oncle — dit la jeune femme, à demi levée — mon oncle, je suis veuve, et je reste veuve.

— Jusqu'à six heures du soir?

—Jusqu'à ma mort.

—Lavinia—dit l'oncle, avec un éclat de rire—ma chère nièce, tu dors encore; ouvre donc tes yeux; tu continues un rêve.

—Ah! vous croyez cela, mon cher oncle! Eh bien! vous verrez la suite, et vous ne le croirez plus.

—Elle dort! elle dort! les yeux ouverts, comme une somnambule.

—Voyez si je dors, mon oncle... Cette fleur que je touche sur mon rideau est une rose blanche, et sa voisine une azaléa.

—C'est vrai, ma nièce.

—Eh bien! il est aussi vrai que je ne me marie pas.

—Tu poursuis la plaisanterie?

— Rien de plus sérieux, mon oncle... laissez-moi seule quelques instants, quand le soleil sera levé. Allez faire vos préparatifs de départ, et je ferai les miens.

— De départ?

— Oui, mon oncle, de départ. Je m'explique clairement, quoique ma tête soit pleine de confusion.

— Et où vas-tu, chère nièce?

— Je vais chez vous, mon oncle.

— Seule?

— Non ; avec vous, et avec mes domestiques.

— Eh! que dira M. Macdougall?

— Il dira ce qu'il voudra. Cela m'est bien égal.

En ce moment, le soleil, ce brillant destructeur de fantômes, illumina les vitres, et fit rayonner le sourire sur le visage de Lavinia.

— Mon oncle — dit la jeune veuve d'un ton résolu, en traversant le corridor — dites à ma femme de chambre de venir m'habiller tout de suite. Dans un quart d'heure vous serez prêt, n'est-ce pas? je compte sur vous.

L'oncle fit une pantomime qui signifiait, je ne comprends rien à tout ceci, mais je vais obéir aveuglément.

— Allez! allez! mon cher oncle — dit Lavinia, en relevant mollement sa main au bout de son bras droit, tendu vers la porte — faites ce que j'ordonne ; et quand nous serons chez vous, loin de tout danger, je vous instruirai, je vous parlerai.

La toilette du matin ne fut pas longue, car une demi-heure après cet entretien, Lavinia, sa femme de chambre, son vieux domestique, et son oncle, entraient dans la maison de *Sea-road,* où M. Goldrige connut bientôt, dans un tête-à-tête, les secrets de la dernière nuit.

Cependant les ouvriers, conduits par l'intendant de Macdougall, entraient dans le jardin de la maison nuptiale, à Saint-Martin-Square, et envahissaient la terrasse pour la changer en vaste salle de bal. Ce travail s'accomplissait avec des précautions minutieuses, pour ne pas troubler le sommeil de Lavinia.

La maison était déjà déserte. Lavinia dormait tranquillement, dans la chambre de son oncle, à l'autre extrémité de Dublin; et ce bienheureux repos, savouré cette fois sans remords et sans crainte, dans le calme des heures matinales, était le baume qui soulageait les nerfs et le sang, après les tortures de la nuit.

La salle de bal s'élevait comme par enchantement. Ses quatre faces, par imitation de l'architecture de *grammar-school* à Birmingham, étaient du style gothique, et couvraient de larges rosaces avec les écussons de tous les comtés. Les étoffes de Perse, de Chine, du Bengale et de Dublin se croisaient partout, avec des nuances infinies, comme les brillants nuages que le soleil couchant éclaire à l'horizon du Coromandel. Les fleurs des tropiques se courbaient en arcades, à toutes les issues; les girandoles d'argent se tordaient à tous les angles, pour faire jaillir des gerbes mobiles de gaz, et rallumer le jour, à l'approche de la nuit.

Les passants toujours curieux franchissaient le seuil de la porte du jardin, et suivaient les travaux avec une curiosité acharnée. Beaucoup d'invités entraient aussi pour donner quelques détails précoces à leurs familles, et marquer de l'œil les meilleures places du bal. Toutes les bouches disaient : ah! ce sera une fête superbe! ce sera bien beau!

L'intendant de Macdougall envoyait à

chaque instant des émissaires à son maître pour l'instruire des progrès de la salle de bal. Macdougall sillonnait en voiture toutes les rues de Dublin : il se multipliait à l'infini ; il célébrait son bonheur à toutes les oreilles ; il était roi d'Irlande ; il touchait encore la terre, du bout de son pied, par vieille habitude, mais il habitait le ciel.

Dublin, de son côté, bouillonnait d'agitation. Il semblait que chaque famille de cette grande cité avait reçu sa lettre d'invitation à la fête. La Bourse faisait relâche. On voyait, se pencher d'inquiétude à tous les balcons, de jeunes femmes qui attendaient un coiffeur, une lingère, une modiste en retard. Les jeunes gens du commerce fermaient leurs comptoirs, et couraient dans *Sakeville-street* pour lancer à la poste les dernières lettres d'une correspondance abrégée, et faire leur toilette de bal en pleine liberté.

A l'heure convenue, le plus beau carrosse sorti des ateliers de Milne, à Edgard-Road, s'arrêta devant l'office matrimonial du district de l'époux du jour. Macdougall, suivi de ses témoins, de ses parents, de ses amis, descendit sur le trottoir, d'un pas triomphant, et monta lestement l'escalier du bonheur légal.

TRAHISON.

XXIX

Le premier au rendez-vous! dit-il en entrant à l'office; c'est dans l'ordre : en pareil cas le devoir de l'homme est de montrer de l'empressement; celui de la femme est de le dissimuler.

Le magistrat civil approuva cette sentence par un signe de tête.

On s'assit et on attendit M. Goldrige et mistress Lavinia.

Les yeux consultaient fréquemment la pendule de la salle, et des symptômes d'inquiétude se manifestaient sourdement.

Macdougall se levait souvent, prenait une pose devant un miroir, marchait vers la porte, écoutait les bruits de l'escalier ; puis, s'asseyant encore, il disait, en appuyant ses bras, comme deux anses sur ses genoux : ce n'est pas étonnant ! ce n'est pas étonnant ! une toilette de mariée est une affaire d'État.

Le magistrat civil lisait les annonces d'un journal, et, par intervalles, il mur-

murait entre lèvres et dents, des phrases dont le ton paraissait brusque. Le futur époux répondait par un sourire mêlé de consternation.

Une heure s'était écoulée ; et la future épouse n'arrivait pas.

Le magistrat déposa le journal sur son bureau, et dit :

— Mais cependant, il faut prendre un parti, messieurs.

— Certainement, dit Madougall ; il faut prendre un parti... je cours moi-même au devant de mistress Lavinia. Je ne demande que cinq minutes à monsieur l'officier civil.

L'officier civil s'inclina, et dit, d'un air maussade :

— Nous attendrons cinq minutes.

Macdougall partit comme un cerf relancé. Il arriva, en quatre élans de ses chevaux, à Saint-Martin-Square, et sa main ébranla la porte de la maison de Lavinia sous une volée de coups de marteau.

Il n'y eut d'autre réponse que cet écho bourgeois et railleur qui vient s'établir dans les maisons dès qu'elles sont abandonnées. Macdougall regarda les fenêtres; elles étaient presque toutes ouvertes, et les rideaux jouaient au vent et s'enflaient en dehors; mais aucune tête humaine ne paraissait aux balcons.

Macdougall doubla l'île du *Square*, et vint attaquer les mystères de la maison du côté du jardin. Là, un tableau tout différent. On aurait dit que la fête était commencée. Les musiciens préludaient sur une estrade. Les lampistes essayaient l'illumination. Les tapissiers agrafaient les étoffes. Les charpentiers donnaient leurs derniers coups de marteau. Une foule immense circulait partout ; et, au milieu d'un groupe d'ouvriers, on distinguait, à son élégance incomparable, Albin de Servian, qui donnait des conseils ou des ordres avec l'autorité d'un maître de maison.

Albin, apercevant Macdougall, lui fit signe d'approcher, et dit, du haut d'un vase de Japon, où il était perché :

— Ah! voilà Macdougall qui arrive à propos! Écoutez, Macdougall. Nous sommes en discussion, votre intendant et moi. Je soutiens que l'orchestre doit être placé dans la salle de bal, parce que les danseurs aiment à voir les musiciens. Votre intendant n'est pas de cet avis. Il a fait élever une estrade pour l'orchestre, là, où vous la voyez. De sorte que cette lourde tenture masquera les musiciens, et, de plus, elle amortira le son des instruments. Alors congédiez l'orchestre, et dansez au hasard, ce sera plus logique. Qu'en pensez-vous, Macdougall?

Macdougall, à son tour, fit signe à de Servian d'approcher.

Albin descendit de son éminence de porcelaine, et marcha vers Macdougall, en disant :

— Voilà, je crois, la cinquième discussion que j'ai avec votre intendant... Écoutez, Macdougall...

— Oh! il s'agit bien de cela, maintenant! — dit le futur époux en interrompant Albin. — Y a-t-il longtemps que vous êtes ici, dans le jardin?

— Mais, oui, assez longtemps... pourquoi me faites-vous cette question?

— Pour rien, Albin..... Avez-vous vu sortir quelqu'un de la maison?

— Personne..... Vous paraissez bien ému, Macdougall!

— En effet, je suis très-ému.

— Ce n'est pas ma discussion avec votre intendant qui....

— Bah! je me moque bien de cette

discussion, Albin!..... Venez, Albin; retirons-nous un peu plus à l'écart; tous les yeux sont sur nous...

— Je crois bien, Macdougall! vous êtes le héros du jour. Dublin ne s'entretient que de votre bonheur. J'entends, moi, tout ce qui se dit çà et là, et je vous affirme que la ville parle de vous sans aucun propos de jalousie. On ne recueille partout que des mots obligeants.

— Albin, — dit Macdougall avec une voix rauque, — il se passe en ce moment quelque chose d'extraordinaire... Suivez-moi, sortons du jardin.

— Vous m'effrayez, Macdougall!

— Suivez-moi, vous dis-je, Albin..... ici, nous ne pourons causer...

Albin croisa les bras, se recueillit, et écouta convulsivement le court et mystérieux récit de Macdougall.

— Eh bien! que pensez-vous de cela? dit Macdougall en finissant.

— Je pense..... je pense, — dit Albin les yeux sur la terre, — je pense qu'il y a là-dessous quelque diablerie de femme.

— De quelle femme, Albin?

— Je n'en sais rien, Macdougall. Je ne suis pas dans vos secrets, moi..... aujourd'hui, ne m'est-il pas arrivé, à moi, quelque chose de ce genre!... Ceci est en intime confidence, Macdougall...

— Oh! vous savez combien je suis discret, Albin...

— Oui, Macdougall... d'ailleurs, je ne

cite pas de noms propres... en deux mots, car le temps presse... j'ai une intrigue en ville...

— Vous m'avez conté cela.... miss Geraldina... celle que...

— Non, une autre... c'est une dame... une dame de la société..... à peu près veuve... sont mari est à Macao. Ce matin, je vais lui présenter mes hommages; elle me ferme sa porte à bout portant. Une ligne de plus, elle me fendait le front... les femmes sont atroces dans ces moments-là... vous comprenez ma surprise, au premier quart-d'heure...... cette conduite me paraissait inexplicable... plus tard, je l'ai expliquée très-bien. Il y avait une autre femme là-dessous.... une femme déguisée en anonyme. Ma future épouse, miss Geraldina, jalouse comme une panthère en robe de soie, m'avait perdu aux yeux de cette dame...

— Et comment, Albin?

— Par un moyen bien simple, Macdougall. Geraldina avait envoyé sous pli un billet fort tendre, écrit de ma main, avec la date du jour, et commençant ainsi : *Ma chère Geraldina...*

— Quel démon de femme!

— Oh! les femmes passent de l'ange au démon et du démon à l'ange avec une merveilleuse facilité. Voilà pourquoi nous les adorons.

— Albin... je réfléchis..., oui... c'est

cela... vous me donnez une idée... on m'a trahi !

— Ah ! voilà bien votre caractère, Macdougall ! vous accusez avant les preuves. Examinez la chose avec lenteur...

— Avec lenteur, dites-vous ?... oui, comme si j'en avais le loisir !... On m'attend à l'office des mariages, Albin.

— Eh bien ! laissez attendre ! Les marieurs sont payés pour cela.

— Oui, oui, Albin ! la chose est sûre : je suis trahi !... trahi !

— Bon ! voilà déjà des convives qui arrivent à votre dîner ! Regardez, Macdougall... sont-ils pressés ceux-là !

— Trahi par cette infâme !...

— Là, je vous arrête, Macdougall ! Je

connais le caractère de mistress Lavinia. Vous l'accusez injustement, mistress Lavinia ne vous a pas trahi.

— Eh! je ne parle pas de Lavinia, mon cher Albin!

— Alors, c'est différent; je ne réponds pas des inconnues.

— Mon Dieu! quand on arrive d'Amérique; quand on est à la veille de se marier éternellement; quand on est trois fois millionnaire, on peut faire une sottise... il faut bien se donner quelques agréments aux derniers jours de son célibat.

— Énigme! énigme! Macdougall!

— Hélas! elle est claire pour moi, cher Albin!... Mon Dieu! ma tête brûle... je sens que la raison s'échappe de mon cerveau...

— Regardez, Macdougall, voilà de nouveaux convives qui vous arrivent,.... tout votre monde entrera par la porte du jardin.

— Albin! Albin! c'est miss Cora qui m'a trahi!

— Miss Cora du théâtre royal?

— Elle-même!

— Miss Cora était donc en coquetterie avec vous, Macdougall?

— Miss Cora m'a poursuivi, depuis mon retour, avec un acharnement impitoyable.

— Heureux mortel!

— Oui, Albin, en toute autre occasion,

heureux mortel... mais comprenez-vous ma faiblesse... chaque jour, je rendais une visite à miss Cora...

— Je ne vois pas de mal à cela ; vous n'êtes pas marié. Demain, vous seriez criminel.

— Ah ! mon cher Albin... l'homme est faible comme un enfant !

— C'est une vieille maxime, Macdougall.

— Albin, vous avez votre sang-froid, vous ; ne m'abandonnez pas ; venez avec moi au district..... Je vous ai négligé ces jours derniers. C'est un tort d'ami. Ne me gardez pas rancune. Cette miss Cora me désolait, m'arrachait la raison du cerveau. J'ai négligé tous mes amis pour elle..... l'infâme !

Macdougall serra les mains d'Albin, fit avancer la voiture, en disant :

— Mon cher ami, accompagnez-moi aux bureaux de l'état civil. Allons voir quel dénoûment la fatalité doit donner à mon histoire.

— Allons ! dit Albin.

En mettant le pied sur l'escalier, Macdougall tomba dans les bras d'un parent qui descendait les marches par enjambées de quatre, et lui criait :

— Elle est arrivée ! elle est arrivée ! on n'attend plus que vous, Macdougall !

Macdougall répondit par un cri de joie,

et Albin lui témoigna la sienne par d'énergiques serrements de main.

— Vous vous êtes croisés en route, dit Albin.

— Nous nous sommes croisés, — dit Macdougall plus essoufflé que de coutume.

— Arrivez donc, monsieur, arrivez donc! dit l'officier marieur, avec un accent de colère concentrée par la gravité de sa profession.

Macdougall prodigua les saluts, et s'inclina respectueusement devant la jeune mariée, assise au milieu de ses parents.

Selon l'usage des familles protestantes, la mariée avait le visage voilé. Sa tête, pudiquement inclinée sur le sein, fit un mouvement imperceptible pour saluer le futur époux.

Les parents de la mariée étaient graves comme des statues en prières.

— Nous allons commencer la cérémonie, dit l'officier; parents et témoins, approchez-vous.

La mariée se leva lestement, et dit, à voix basse, quelques paroles à l'oreille de l'officier civil, qui fit un geste de dépit, et s'écria :

— Mon Dieu! cela ne finira donc jamais!

Et il ouvrit un cabinet voisin, en disant :

— Monsieur Macdougall, avant la cérémonie, madame me demande la permission de vous communiquer quelque chose d'important et de secret, en particulier. Entrez ici, tous deux..... Eh! nous n'en finirons pas aujourd'hui! — ajouta le magistrat en frappant la table avec son poing.

Macdougall suivit la mariée dans le cabinet, dont la porte fut fermée avec précipitation par une main habituée à fermer des portes.

La mariée saisit un bras de Macdougall, et, relevant son voile opaque, elle dit :

— Ce n'est pas l'autre. C'est moi !

Macdougall poussa un cri intérieur, un

cri de rêve, et se laissa tomber sur un fauteuil.

C'était miss Cora, l'actrice du Théâtre-Royal.

L'actrice allongea le pied droit, cambra son torse, pencha sa tête sur l'épaule gauche, croisa les bras sous le sein, et, prenant le ton de la raillerie la mieux distillée ;

— Ah! monsieur le contrebandier, dit-elle; c'est ainsi que vous fraudez la douane du Théâtre-Royal! aujourd'hui, vous n'en serez pas quitte à bon marché, foi de Cora!

— Madame, dit Macdougall avec des gestes suppliants, au nom du ciel, ne me perdez pas!

— Eh! je veux vous perdre, moi! Cela m'amuse. Les hommes sont singuliers! ils croient avoir le privilége exclusif de faire du mal au sexe voisin! ils jouent à la femme! jeu comme un autre!.... On ne joue pas la comédie hors du théâtre, monsieur! entendez-vous? les affaires du monde sont sérieuses, monsieur; je vous l'apprendrai...

— Madame, laissez-moi sortir... qu'exigez-vous pour ma rançon?

— Oh! l'argent! toujours l'argent! je n'exige rien, monsieur, rien; j'exige une chose légitime...

Le doigt osseux et irrité du magistrat retentit sur la porte du cabinet, avec cette phrase :

— Est-ce un jeu, monsieur Macdougall ? Se moque-t-on de moi ? Voulez-vous vous marier, oui ou non ?

— Mêlez-vous de vos affaires ! — s'écria l'actrice d'une voix de soprano aigu, — et laissez-nous tranquilles !

La voix d'Albin s'infiltra dans la serrure, et dit :

— Mon cher Macdougall, terminez vite ce colloque ; on vient de nous annoncer que les convives du festin de noces sont tous réunis dans votre jardin.

Macdougall frappa son front et poussa un soupir déchirant.

— Macdougall, dit l'actrice, n'allez pas vous évanouir ; cela ne vous réussirait pas. Quand deux douaniers de Kingstown vous ont pris en flagrant délit de contrebande, vous ne vous êtes pas évanoui; vous avez acheté un douanier.

— Qui vous a dit cela, madame?

— Le douanier qui n'a pas été acheté... Il est là, dans la salle de l'office, avec sa dénonciation au criminel... Monsieur Macdougall, vous oubliez toujours quelque chose; c'est un grand défaut.

Les deux poings du magistrat civil ébranlèrent la porte, et sa voix retentit dans un tourbillon de colère formidable.

La porte s'ouvrit, et la tête pudiquement voilée de la mariée parut, en jetant ces mots à la figure du magistrat :

— Monsieur, si cela vous ennuie, partez !

La porte se referma vivement.

Le magistrat se couvrit en signe de détresse, et il allait s'élancer sur l'escalier, lorsqu'Albin de Servian le retint, en disant avec une voix pleine d'une mélodie irrésistible :

— Monsieur, attendez encore un instant, au nom du ciel ! excusez la vivacité d'une jeune femme sans expérience. Soyez impassible comme la loi.

Le magistrat balbutia quelques paroles, et s'assit.

Les parents de Macdougall, arrivés d'Écosse avec leur naïveté montagnarde, étaient plongés dans la consternation. Albin de Servian leur prodiguait des paroles empreintes d'une ineffable douceur, et ces braves gens disaient : Si ce jeune homme n'avait pas arrangé l'affaire, nous allions tous coucher en prison.

Albin se pencha sur la table matrimoniale, et se mit à causer avec le magistrat.

BAL ET FESTIN DE NOCES.

XXX

Si j'étais un des lecteurs de cette histoire, je désirerais savoir ce qui se passe, au même moment, dans le jardin de *Saint-Martin square*, et dans la maison de l'oncle de mistress Lavinia. Il faut satisfaire ma double curiosité.

Quarante convives des deux sexes, enrichis de toilettes nuptiales, attendaient dans le jardin une foule de choses en retard qui n'arrivaient pas. On consultait beaucoup de montres; et les yeux inquiets qui venaient d'interroger les cadrans, remontaient vers le ciel, pour suivre, sur les franges des nuages d'été, le dernier sourire du soleil.

Le festin de noces, préparé par les soins du célèbre Land-lord *grummes-Hôtel*, s'offrait à l'appétit furieux des convives, sous les arbres du quinconce. Le potage de tortue, incendiaire liquide et volcan en miniature, fumait au centre de la table, dans un cratère de vermeil, et répandait au loin les parfums épicés de manille, de java, de ceylan. On allumait déjà les lanternes chinoises, ornées des initiales unies L. M., Lavinia, Macdougall. Les curieux se promettaient un effet superbe de cette illumination.

Tout était prêt pour la noce; il ne manquait à la fête que les époux.

La maison de Goldrige est à l'extrémité méridionale de Dublin; à deux milles environ du jardin où s'étalait le festin de noces, Lavinia venait de savourer ce sommeil réparateur qui suit les crises nerveuses et les guérit. Elle se levait au soleil couchant, et se faisait ouvrir la porte du jardin, pour s'enivrer de ces voluptés aériennes qui descendent du ciel aux heures tranquilles du soir.

Le jardin avait tous les secrets intimes qui charment les ennuis. Son gazon caressait les pieds avec cette élasticité de velours qui excite aux longues promenades; ses arbres chantaient à toutes les branches avec la voix des oiseaux; ses fontaines croisaient leurs mélodies sur la mousse et la pierre; ses immenses corbeilles offraient aux yeux, avec mille nuances, toutes ces familles odorantes aimées d'Alphonse Karr, le poète des femmes et des fleurs.

Quand les ennuis, les chagrins, les douleurs morales ont perdu le cadre de localité qui les vit naître, ils s'évanouissent insensiblement. Si le cœur souffre, l'œil rend complices de cette souffrance tous les accessoires voisins. Il faut dépayser le mal pour arriver à la guérison, qui souvent n'est que l'oubli. En voyant d'autres arbres, d'autres fleurs, d'autres pierres, d'autres horizons, la sérénité revient à l'âme. Il semble que cette nouvelle nature, innocente de votre malheur passé, promet à votre avenir l'inaltérable complaisance de ses soins maternels.

Au reste, ceci n'est pas une vérité absolue ; certaines organisations d'élite peuvent seules en faire leur profit, à l'exemple de Lavinia.

Notre belle veuve avait laissé les fiévreuses alarmes de la dernière nuit dans le sommeil de ce jour. Elle se promenait dans le jardin, avec la joyeuse insouciance d'un enfant, et communiquant sa gaîté à l'oncle Goldrige, dont l'obligeance ne s'était pas démentie un instant. Surtout, Lavinia s'estimait heureuse d'avoir pris une énergique résolution, qui assurait à jamais la tranquillité de ses jours et de ses nuits.

Certes, il est doux d'être de moitié dans les millions d'un mari; il est doux d'être femme et d'être riche; d'échanger de viles pièces d'or sans valeur, contre les adorables caprices des diamants, des dentelles, des fleurs, des étoffes, contre toutes les fantaisies qui complètent la femme et lui donnent une auréole de rayons : mais ce bonheur est à répudier bien vite, s'il faut l'acheter par des terreurs nocturnes, même au-dessus du courage viril ; s'il faut jouir du triomphe de sa divinité humaine, à condition de voir surgir, dans son alcôve, au coup de minuit, la hideuse forme d'un mari vengeur, squelette anguleux, voilé d'un suaire, et traînant avec lui la poussière grasse des tombeaux. Pour se délivrer de cet effroi chronique, une veuve irlandaise refuserait d'épouser le Pérou incarné en mari.

Aussi Lavinia venait de faire joyeusement le sacrifice de ses millions. Le riche Macdougall était oublié.

Cependant, elle venait de céder à une exigeance de curiosité maligne, que les femmes, et même les hommes, comprendront en l'excusant. Son vieux domestique, inconnu dans le quartier de *Saint-Martin square*, avait été dépêché, muni d'instructions minutieuses, pour explorer le voisinage de la maison de noces, et recueillir tout ce qu'il verrait nécessairement de curieux, afin de le rapporter à sa maîtresse. L'oncle et la nièce riaient beaucoup de cette idée, en attendant le retour de l'envoyé.

— Nous sommes en sûreté ici, disait Lavinia. Personne ne connaît l'asile où je me suis réfugiée; personne n'a le droit d'entrer dans la maison de mon oncle. La loi anglaise me protége. Je ne crains rien. Je laisse passer les événements. D'ailleurs, la retraite me plaît. J'aime le monde par fantaisie. Avec vous, mon oncle, avec ce joli jardin, avec cette société d'arbres et de fleurs, je vivrai heureuse, et je ne regretterai rien. Mes nuits seront tranquilles ; mes jours seront sereins. Quant à l'avenir, il sera ce qu'il voudra : nul ne peut le gouverner.

— Pourtant, ma nièce, disait Goldrige, tu t'intéresses encore un peu au monde ; tu envoies un domestique aux renseignements. Tes goûts pour la retraite ne me paraissent pas encore bien établis.

— Oh! mon oncle, ceci est un enfantillage innocent ! je veux connaître le dénoûment de cette journée. Il y a un festin de noces et un bal commandés. Je ris comme une folle en songeant à ces malheureux invités qui ne souperont pas et ne danseront pas. Je crois que cela n'est jamais arrivé à Dublin ; qu'en dites-vous, mon oncle ?

— Tout est arrivé, ma chère nièce ; cependant, j'avoue que le cas est rare.

— Eh bien ! quand le temps sera venu de parler, je parlerai. Je conterai mon histoire. Je la ferai insérer dans le *Dublin-Cronicle.* Il faut donner une bonne leçon aux veuves. Oui, maintenant, je reviens à mon ancienne opinion : une femme honnête ne doit se marier qu'une seule fois. Quelle horreur de faire métier de mariage toute la vie !

— Ma nièce, tu t'aperçois que la nuit

tombe — dit l'oncle en souriant avec malice — tu as peur.

— Vous êtes méchant, mon oncle... Eh bien! vous verrez si je change d'avis là-dessus. Je vous redirai la même chose demain au grand soleil... Mais vous ne croyez donc pas à la vertu d'une femme, mon oncle?

— Je crois à la vertu de toutes les femmes, ma nièce ; mais je crois aussi que la vertu n'empêche pas une honnête veuve de se remarier.

— Et ensuite, vous voyez ce qui arrive.

— Et qu'arrive-t-il, ma nièce?

— Ah! ce cher oncle, il me demande ce qui arrive!

— Lavinia, je suis Irlandais, mais je ne crois pas aux fantômes.

— Pas même au mien ?

— Tu l'as rêvé, ma nièce...

— Je l'ai rêvé !... mon oncle ; ne répétez pas cela, je vous en prie ; vous me chasseriez de chez vous.

— Ne te fâche pas, ma nièce ; ne t'irrite pas à propos de ton fantôme. J'approuve la détermination que tu as prise ; qu'exiges-tu de plus ? En voici la raison : Rêve ou réalité, erreur du cerveau ou des yeux, tu as bien fait de briser ton mariage. Si c'est un véritable fantôme, tu as bien fait ; si c'est un rêve, tu as encore mieux fait, parce que de pareils rêves, entretenus par les pensées du jour, deviennent chroniques, et peuvent troubler la tranquillité d'une vie entière... Suis-je raisonnable, Lavinia?

— Mais, mon oncle, ce n'est pas un rêve!

— A la bonne heure. Donne à la chose le nom que tu voudras, j'approuve tout.

Un coup de marteau retentit dans le vestibule; Lavinia et Goldrige, dérogeant à leur dignité, s'empressèrent d'aller ouvrir la porte à leur domestique. La jeune veuve trépignait de joie en songeant aux comiques détails que lui rapportait son envoyé de retour.

LA MARIÉE.

XXXI

Le vestibule était faiblement éclairé. La porte s'ouvrit, et se referma presqu'au même instant... Lavinia poussa un cri, et s'appuya contre le mur. L'oncle ouvrit la bouche et les bras dans toutes leurs dimensions anatomiques... Albin de Servian était entré.

— C'est moi ! — dit-il avec sa voix la plus douce—on ne m'attendait pas à cette heure. Je conçois votre étonnement.

— Oui — bégaya l'oncle en consultant du regard Lavinia — oui, monsieur de Servian, votre visite à cette heure nous étonne beaucoup.

— Je ne dérange personne, au moins, dit Albin... Je n'espérais pas avoir l'honneur de rencontrer ici mistress Lavinia ; je venais rendre une visite à M. Goldrige, et lui raconter les événements du jour... cela ne manque pas d'un certain intérêt... Cependant, si ma visite désoblige, je me retire à l'instant même.

L'oncle cherchait sa réponse dans la bouche de Lavinia; et, en attendant, il hasardait quelques monosyllabes décousus.

Lavinia étendit la main droite pour lui donner une direction, elle allait montrer la porte de la rue au jeune visiteur; mais le courage lui manqua, elle montra la porte du salon, et entra la première dans l'appartement. La main droite de l'oncle suivit automatiquement le signe hospitalier de la nièce, et on quitta le vestibule.

Albin de Servian n'eut pas l'air de s'appercevoir de ces hésitations; il suivit d'un pas ferme et dégagé, l'oncle Goldrige et Lavinia.

— Ma surprise a été grande, monsieur, dit la jeune femme, et je ne vous le cache pas, ce n'est pas vous que nous attendions — et elle traversa le salon, pour entrer au jardin.

— Madame — dit Albin, en s'arrêtant sur le seuil de la porte du jardin, dans une attitude charmante et respectueuse — je vous prie de recevoir mes hommages ; Dieu me préserve d'être importun, dans cette maison, surtout, permettez-moi seulement, madame, d'échanger quelques paroles avec M. Goldrige, c'est l'unique but de ma visite.

— Si vous demandez un entretien particulier, dit Lavinia, je vais vous laisser dans ce jardin, mon oncle et vous, monsieur de Servian ; si vous pouvez parler devant témoins, je resterai dans votre société.

— Je n'ai rien de confidentiel à dire, madame.

Lavinia fit le signe qui dit, eh ! bien parlez nous vous écoutons.

Nos trois personnage se promenaient sur la terrasse du jardin, l'ombre de la nuit dissimulait fort heureusement les diverses expressions, qui, dans cette rencontre imprévue, devaient contracter le visage de Lavinia.

Albin de Servian était en toilette de bal ; sa silhouette se dessinait même dans le clair-obscur, avec une suprême élégance, et dans tous les bruits charmants que le jardin écoutait à cette heure, il n'y en avait pas de plus doux que celui de sa voix.

— Madame, dit-il, je respecte et j'ignore les motifs qui vous ont rendu aujourd'hui la liberté du veuvage, vous aviez un dernier jour de volonté pour régler votre existence, à votre guise, et vous avez saisi au vol ce jour, car le lendemain n'avait plus à vous donner que des regrets et des chaînes, il est impossible de mieux ménager son temps, j'approuvais le mariage, j'approuve sa rupture, tout ce qu'une jeune et jolie femme accomplit à propos est respectable, et bien fait, madame — ajouta le jeune homme avec un accent plein d'une émotion ravissante —

personne ne s'intéresse plus que moi à votre bonheur, et je viens vous en donner une preuve modeste. Ce que je venais dire à votre oncle, je puis vous le dire à vous, grâce à votre bienveillant accueil de ce soir. Soyez sans inquiétude sur l'issue de la détermination violente que vous avez prise, tout va bien à cette heure ; demain tout ira mieux....

— Expliquez-vous, expliquez-vous — dit la jeune femme, avec un empressement mal déguisé — que fait-on à *Saint-Martin square?*

Albin ouvrait la bouche pour répondre, lorsque le domestique envoyé aux renseignements, entra dans le jardin.

— Vous pouvez parler tout haut, lui

dit Lavinia ; dites-nous ce que vous avez vu, excusez-moi, monsieur de Servian, si je vous interromps.. ..... Nous aurons le temps de causer ensuite.

— Madame, dit le domestique ; je me suis mêlé à la foule qui entoure la maison de la fête, quand j'ai entendu crier, voici les époux ! voici les époux ! je me suis glissé jusque sur le trottoir, devant la porte, et j'ai vu descendre de voiture M. Macdougall et la mariée : ils paraissaient fort contents l'un de l'autre, et le peuple criait *houra* pour M. et mistress Macdougall.

— Mon bon vieux serviteur — dit Lavinia avec un éclat de rire fou — vous vous acquittez à merveille des commissions que je vous donne..... Voilà un messager intelligent!.... N'importe! merci, merci, une autre fois vous verrez mieux, et vous entendrez mieux.

— Mais j'ai très-bien vu, madame, dit le serviteur; j'ai très-bien entendu.

— Je vous crois, je vous crois.... Voilà bien les serviteurs anciens, monsieur de Servian — dit Lavinia, en se tournant vers le jeune homme pour lui parler bas il soutiendrait cela jusqu'à demain, ce brave homme?

— Et il aurait raison — dit froidement Albin.

— Comment, il aurait raison! — s'écria la jeune femme, avec un accent impossible à noter — vous aussi, monsieur de Servian, vous me soutiendrez que la mariée vient d'entrer à Saint-Martin square, dans la maison de M. Macdougall?

— Certainement, je le soutiendrai — dit Albin avec un léger sourire.

— Oh! ceci est trop fort, monsieur de Servian.

— Mistress Lavinia, veuillez bien faire retirer ce domestique et même votre oncle, et je vous expliquerai cette énigme... J'ai bien d'autres choses à vous expliquer.

Un instant après, Lavinia et Albin étaient seuls sur la terrasse du jardin, l'oncle s'était assis sur la porte extérieure de la salle basse, dans une attitude de surveillant.

Albin fit alors le récit de l'aventure de l'actrice miss Cora, et termina ainsi : Macdougall se trouvait donc dans une situation fort critique, le magistrat civil était arrivé au comble de l'irritation; il céda violemment à son dernier accès d'impatience, et abandonna l'office des mariages, c'est alors que j'ai cru devoir donner à Macdougall un conseil qui arrangeait tout, du moins pour le moment, et c'était l'essentiel. L'employé subalterne de la douane de Kingstown a reçu sur le champ une gratification de mille livres, miss Cora, en toilette de mariée, a pris place dans la voiture, à côté de Macdougall.

après avoir obtenu, devant qutre témoins, moi compris, une bonne promesse de mariage, à cette condition, soutenue encore d'un cadeau préalable de quatre mille livres, l'actrice consent à passer la nuit dans la maison de *Saint-Martin square*, avec toute sa famille, et sans se montrer au festin, et au bal qui doit se prolonger jusqu'au jour; en ce moment on est à table, et Macdougall a déjà fait dire à tous les invités que madame, ayant été saisie d'une indisposition subite, ne pourra paraître au bal.

— Quelle horreur! — dit Lavinia, en croisant ses mains, et les élevant sur la tête — et j'allais épouser un pareil homme, moi!

— Écoutez encore, madame, et vous excuserez mieux ce que vous pouvez regarder comme une trahison, faite par moi à l'amitié, en ce moment. Lorsque Macdougall est descendu de ses montagnes, il était pauvre, et affamé d'or, il exploita ma crédule inexpérience. J'étais bien novice alors, et lui bien rusé, je lui confiai presque toute ma fortune; avec ces éléments d'emprunt, il a bâti la sienne, le bonheur, ou pour mieux dire, l'adresse l'ont favorisé; j'étais moi en péril de ruine totale, et lui ne risquait que mon argent. Cependant, je dois dire, car il faut être juste, que tout ce qu'il m'a emprunté m'a été rendu, il a continué depuis à m'appeler son ami, et vous voyez, madame, que cette amitié a failli me coûter fort cher. Il était fort tard quand j'ai ouvert les yeux, mais je ne les ai plus fermés. Ma vie intelligente, date de votre sommeil de Fullerton; cette vie je vous la dois, madame; elle sera toujours à vous.

— A moi, monsieur de Servian — dit la jeune femme avec un accent railleur.— vous osez dire cela, monsieur, quand vous allez vous marier, comme M. Macdougall, avec une femme de théâtre!

— Cela est faux, madame, c'est une fable que j'ai contée à Macdougall, et qu'il vous a redite.

— Et pourquoi cette invention, monsieur de Servian?

— Elle entrait dans mes plans, madame.

Il y eut un long silence, Albin et Lavinia marchaient sur la même ligne, les yeux baissés. Albin renoua ainsi l'entretien.

LES AVEUX.

XXV

— Me permettez-vous, madame, de vous demander votre avis sur un cas fort singulier, dont les papiers publics parlaient l'autre jour?

— Voyons, monsieur de Servian.

— Un jeune homme adorait une femme, une femme divine comme ces étoiles n'en éclairent qu'une seule en ce moment, l'amour était tout d'un côté, il y avait de l'autre une amitié affectueuse, bien peu de chose, comme vous voyez.

— Je ne vois pas cela! monsieur de Servian.

— Dieu me garde de l'amitié d'une femme que j'aimerais! c'est mon opinion, madame, au reste, il ne s'agit pas de cela. Le jeune homme avait un rival, sinon aimé, du moins sur le point de l'être : un soir, au retour de la chasse, il aperçut, dans la grande allée de son château, cet heureux rival aux genoux de la femme aimée ; il avait une arme dans ses mains, il fit feu, et la femme tomba toute couverte de sang. On l'arrêta, on le jugea, on le condamna. Comme il n'y avait pas de préméditation, il n'y eut pas de peine de mort. La femme survécut à sa blessure, et maintenant, mistress Lavinia, je vous prie de me dire ce qu'il est advenu?

— Mais quel étrange conte me faites-vous là monsieur de Servian?

— Au nom du ciel, madame, répondez à ma question.

— Veuillez bien me dire, monsieur de Servian, quel rapport existe entre cet assassinat, et les aventures d'aujourd'hui?

— Au nom du ciel, madame, répondez à ma question!..... Si votre oncle n'avait pas les yeux sur moi, je vous ferais cette question à genoux.

— Allons, puisque cela vous tient au cœur, monsieur de Servian, je vais essayer de vous satisfaire.

— La femme blessée d'une balle est guérie; elle avait une amitié affectueuse pour l'un, et certain penchant équivoque pour, l'autre.... qu'est-il arrivé?

— Laissez-moi réfléchir un instant, monsieur de Servian... Si cette femme avait une imagination vive, un cœur exalté, une fibre romanesque, elle a aimé son assassin, après l'assassinat.

— Vous l'avez deviné — dit Albin, en applaudissant avec ses mains. —Bravo! mistress Lavinia. Oui, elle l'a aimé; elle l'a consolé dans sa prison ; elle veut consacrer sa vie à demander la grâce de son assassin ; et elle l'épousera.

— Cela ne m'étonne point, monsieur de Servian... Maintenant, je vous ai obéi, j'ai répondu à votre question, et j'ai même été assez heureuse pour vous donner la réponse attendue. Soyez obéissant, à votre tour, et expliquez-moi l'énigme de cette question.

— Madame, je ne vous demande pas de m'aimer — dit Albin, avec une voix d'un timbre inouï — mais je vous conjure de me pardonner...

— De vous pardonner! — dit Lavinia émue vaguement jusqu'au fond de l'âme — et quel crime avez-vous donc commis ?

— Madame, la nuit dernière, la fatalité m'a poussé à une action criminelle... j'ai été votre assassin.

L'ombre de la nuit voila une pâleur mortelle sur le visage de la jeune femme... elle fit un sourire faux, et bégaya ces paroles :

— Mon assassin !.. ah !.. quelle étrange plaisanterie !.. monsieur....

— Lavinia ! Lavinia ! Lavinia ! dit Albin avec la voix du fantôme.

Lavinia fut saisie d'une convulsion nerveuse, et se suspendit un instant au bras d'Albin.

Cela vous explique tout, madame, dit

Albin en tremblant; vous alliez vous
perdre, j'ai voulu vous sauver; j'allais
mourir, j'ai voulu me sauver. Un homme
qui est mon esclave, Luke O'Farrell, a
servi tous mes projets; il a ravagé la
maison de Phœnix-Park. Il a été, avec
mon or, l'acquéreur et le vendeur de la
maison de *Saint-Martin square,* où tout
a été disposé pour les apparitions de la
nuit dernière. Luke O'Farrell a suivi
tous vos pas; je savais que vous aviez
cherché un asile chez votre oncle, ce
soir, et je suis venu pour recevoir votre
mépris ou mon pardon, ma vie ou ma
mort. Mais j'aurais mieux aimé mourir à
la fin de ce jour, que vous abandonner
une seconde fois aux terreurs d'une autre

nuit. Il m'en a trop coûté la première ! Maintenant, madame, je mets à vos pieds, un amour digne de toute votre haine, ou de toute votre bonté.

Tous les sentiments enfouis dans le trésor du cœur avaient agité Lavinia ; elle jeta un regard rapide sur Albin de Servian, et vit luire des larmes dans ses yeux noirs et lumineux. D'une voix presque éteinte, elle bégaya ces mots :

— Monsieur, vous avez fait une action horrible... et indigne de pardon... indigne... retirez-vous.

— C'est bien ! madame ; c'est bien ! votre sentence est juste... et je sais ce que je dois faire demain pour expier mon horrible action... je me retire.

Albin salua respectueusement, et marcha vers la porte du jardin où était assis monsieur Goldrige. Lavinia continua sa promenade sur la terrasse, sans regarder du côté de la maison.

— Eh bien! dit Goldrige sur un ton gaîment familier — vous nous quittez, monsieur de Servian; vous partez à la plus belle heure du soir? Nous jouissons ici d'une fraîcheur délicieuse. — Puis, baissant la voix, et montrant Lavinia dans le lointain, il ajouta :— Quelle tête! quelle femme! a-t-on jamais vu rien de pareil? rompre un mariage de cette façon! et si on savait pourquoi?.. Oh! elle ne vous a rien dit en confidence?

— Rien, monsieur Goldrige — dit Albin, sans penser à ce qu'il disait.

— Alors, je ne vous dis rien... mais plus tard, nous parlerons... vous verrez ; c'est une comédie.

— Bonne nuit, monsieur Goldrige...

Albin serra la main de l'oncle, et fit un pas dans le salon. Au même instant, il entendit une voix mal affermie qui disait : — Monsieur de Servian, un dernier mot, s'il vous plaît.

Il traversa la terrasse, et reprit auprès de Lavinia sa première position.

— Il me semble, lui dit la jeune femme, que vous avez mis une menace dans la dernière phrase, là, tout-à-l'heure, avec moi.

— C'est une erreur, madame; je n'ai menacé personne, pas même moi. D'autres vous diraient qu'ils vont se porter à un acte violent de désespoir, à un suicide; moi, je ne voudrais pas gagner votre bienveillance à ce prix. Voici l'expiation de ma faute; c'est la peine du damné que je m'impose. Demain, je quitte Dublin. J'irai où va le premier vaisseau qui partira; je vous aimerai toujours, et je ne vous verrai plus. Macdougall sera plus heureux; il vous oubliera sans peine, car il ne vous a jamais aimée.

— C'est bien, monsieur — dit Lavinia en saluant — voilà tout ce que je voulais savoir.

— Madame, dit Albin d'une voix faible et déchirante — vous avez tout demandé?

— Oui, monsieur, tout.

On se sépara une seconde fois, et Albin de Servian ne fut plus rappelé.

Avoir fait jouer tous les ressorts de l'intelligence, avoir usé de tous les moyens permis et non permis pour conquérir une femme, et la perdre sans retour! c'était accablant!

L'infortuné jeune homme traversa la ville à pied, pour se rendre à sa maison, et y passer une dernière nuit. A Saint-Martin square, il entendit l'orchestre du bal, et sourit avec amertume en songeant à ce qu'ils appellent les joies du monde. On disait parmi le peuple : « C'est un mariage d'amour; la jeune mariée est folle de son époux, qui est le plus bel homme de Dublin, et le plus riche. Après la signature du contrat, elle s'est évanouie de joie, et les médecins lui ont défendu d'assister au repas de noces et au bal. Si j'étais le mari, je ferais finir le bal, parce que cette pauvre femme a trop de bruit dans sa maison, et elle a besoin de repos. »

Les histoires que parle le monde sont toutes arrangées de cette façon.

Lavinia s'était retirée dans sa chambre, non pour dormir, mais pour penser. Sa longue veille fut un long combat intérieur de résolutions contradictoires. Elle formait des plans et les brisait autant de fois que l'aiguille franchit une minute sur le cadran. Deux voix plaidaient au fond de son âme; l'une disait toujours : « Ce jeune homme a commis un crime sans nom, il faut lui donner toute ma haine; » l'autre disait : « Albin de Servian s'est élevé jusqu'à l'héroïsme de la passion, il faut lui rendre tout mon amour. »

Quand le jour parut, après une nuit mortelle, l'une de ces deux voix avait triomphé.

Le plus complaisant des oncles reçut à son lever des instructions et des confidences minutieuses données avec une exacte précision. Il quitta son domicile de *Sea-road* et entra dans la ville pour recueillir des renseignements aux meilleures sources. Il apprit que le bal avait duré toute la nuit, et qu'à la pointe du jour, Macdougall était parti en chaise de poste, avec la prétendue mariée, pour Kingstown. Il apprit aussi que le mariage de l'actrice miss Géraldina et d'Albin de Servian était une fable, attendu que miss Géraldina était une dame mariée depuis deux ans, avec un jeune-premier du théâtre de *Hay-market*.

Alors, conformément à ses instructions, monsieur Goldrige se rendit chez Albin de Servian.

Le jeune homme faisait activement ses préparatifs de départ. Après les premières civilités, monsieur Goldrige, invité à prendre un siège, dit :

— Monsieur de Servian, c'est la seconde

fois que je viens dans cette maison ; la première, vous étiez bien malade...

— La seconde, je suis mort, interrompit Albin, d'une voix sourde.

— Ce n'est pas ce que j'allais dire, poursuivit Goldrige, et vous allez voir que vous vous trompez...

— Monsieur Goldrige, dit Servian avec brusquerie, vous ignorez tout ce qui se passe, ainsi...

— Je sais tout, au contraire, monsieur de Servian. Lavinia m'a tout dit ; elle ne me fait ses confidences intimes qu'à la dernière extrémité.

— Vous savez tout ! — dit Albin en fixant des yeux démesurés sur son interlocuteur — vous savez tout, et vous venez chez moi avec cette physionomie amicale !

— Eh ! que voulez-vous ? dit l'oncle en riant ; je suis le plus tolérant des oncles de comédie. J'ai eu mes folies de jeunesse, aussi, et j'ai le bon sens de m'en souvenir devant les jeunes gens. Il est vrai que vous avez abusé de la folie, vous, mon cher Albin ; mais c'est un peu la faute de Lavinia, je suis juste. C'est elle qui vous a mis les armes à la main avec sa passion nerveuse pour les fantômes d'*Hamlet*, de *Macbecth*, et tous les fantômes possibles et surtout impossibles...

— Alors, c'est mon pardon que vous m'apportez, monsieur Goldrige ? — dit Albin, avec un sourire de résurrection.

— Je vous apporte mieux que cela, mon cher neveu.

Et Goldrige tendit les deux mains au jeune homme, qui poussa un cri de joie à faire trembler la maison.

Albin garda un long silence, mais tout son corps parlait avec une expression délirante, qui remplaçait avantageusement la voix.

— Modérez-vous, asseyez-vous, mon cher Albin — dit l'oncle après une pause — recevez donc le bonheur avec tranquillité, comme vous avez reçu le malheur.

— Je veux la voir! je veux la voir! monsieur Goldrige, pas un mot de plus; au nom du ciel, sortons.

— Oh! vous ne la verrez pas aujourd'hui, ni demain, mon cher neveu. Je veux ménager ma nièce, moi. Et vous serez raisonnable, vous, à votre tour... Je vous servirai d'ambassadeur à tous deux. J'ai plein pouvoir pour arranger l'affaire à la satisfaction commune. Écoutez, mon cher Albin, les mariages n'éprouvent aucun obstacle entre un homme de trente-quatre ans, et une veuve de vingt-huit. Vous n'avez ni pères ni mères à consulter. Vous vous donnez à vous-mêmes votre consentement, et tout est terminé si le prêtre vous a donné sa bénédiction.

— Oui, oui, oui — dit Albin exalté, et serrant les mains de Goldrige.

— Mais, écoutez encore, mon cher Albin ; il y a des convenances à observer....

— Sans doute, il y a des convenances à observer...

— Il y a des ménagements à prendre pour le monde...

— C'est juste, pour le monde...

— Laissez-moi donc parler, mon cher Albin...

— A quoi bon parler, monsieur Goldrige! tout cela est inutile. Nous sommes mariés.

— C'est ce qui vous trompe, mon cher neveu. Vous n'êtes pas mariés... Ah! que les oncles ont raison d'exister!... Vous ne pouvez pas vous marier à Dublin... Comprenez-vous, mon cher neveu...

— Eh bien! nous nous marierons ailleurs. On se marie partout.

— Voilà donc ce qu'il faut régler.

— Réglons.

— Mon cher Albin ; nous partirons pour l'Italie, ma nièce et moi ; et vous vous marierez à Florence, où mon frère et ma sœur sont fixés depuis quinze ans. Nous serons en famille.

— Et quand partirez-vous, monsieur Goldrige?

— Dans trois jours, Albin.

— Et que ferai-je pendant ces trois siècles?

— Je viendrai vous rendre deux visites, le matin et le soir, et nous parlerons de Lavinia... Acceptez-vous ces conditions?

— Mon oncle, j'accepterais la mort, si elle me venait de Lavinia.

— Vous acceptez donc la vie avec elle?

— Partez vite, quittez-moi, mon oncle; partez vite pour faire avancer les trois jours.

COURT ÉPILOGUE.

EUROPEAN TRAMP

En 1835, dans une fête au village de la *Loggia*, chez madame Catalani, on me montra dans un quadrille le comte et la comtesse de Servian : ils étaient dans leur soleil de miel, et leur bonheur réconciliait beaucoup d'hérétiques avec le mariage. A la même époque, tous les soirs, au coup de minuit, au palais de la noble comtesse Lipona, l'ex-reine de Naples, on psalmodiait des histoires de revenants; et une invitation auguste m'accordait souvent l'honneur d'être l'historien de tous les fantômes. Après deux mois de ces contes nocturnes, j'avais épuisé mon répertoire, assez riche pourtant. Un matin, le comte de Servian me communiqua son aventure de Dublin, et c'est par elle que je terminai mon cours de fantasmagorie. Neuf ans après, le mois dernier, à Paris, j'ai revu au Salon, le comte de Servian et sa femme. Ils ont conservé la même jeunesse et le même bonheur. La comtesse tenait par la main une charmante demoiselle de six ans; portrait en miniature de la mère : c'est le plus beau produit de race croisée humaine qui se puisse voir. M. de Servian, dont le véritable nom n'a que deux lettres de plus, a lu cette histoire en manuscrit, et en a autorisé la publication.

FIN D'UNE VEUVE INCONSOLABLE.

LA COMTESSE BRIGNOLE.

La ville de Gênes s'était levée avec le soleil de ses plus beaux jours pour assister au mariage du comte Brignole. La darse faisait silence, le môle était désert devant la fontaine de Saint-Christophe; les galères dormaient dans les eaux calmes et bleues qui reflètent, en le brisant, le péristyle du palais Doria. Tout le bruit s'était réfugié dans la via San-Luca; toute la foule amoncelée dans le voisinage *dei Banchi* se dirigeait vers *San-Lorenzo*, la cathédrale, en inondant les rues étroites et tortueuses qui étouffent cette magnificence gothique, écartelée de marbre noir et blanc.

Les Génoises sont belles, mais la comtesse était plus belle qu'une Génoise; elle avait dix-huit ans; on n'a jamais vu de plus beaux cheveux noirs que les siens sur un front aussi pur, un plus beau teint sur un visage plus angélique : elle était citée en Italie, à une époque où l'Italie avait tant de femmes à donner en modèles aux artistes ses enfants. Le comte Brignole, l'allié des Durazzo et des Doria-Tursi, avait fait bâtir, dans la strada Balbi, un palais digne de l'adorable femme qu'il épousait.

L'église de Saint-Laurent resplendissait de lumières ; toute la noblesse, sortie de ses palais de marbre, inondait la grande nef et le sanctuaire ; la bourgeoisie opulente s'entassait dans les nefs latérales ; la populace curieuse se pressait sur l'étroit parvis, sous le porche et à toutes les issues. Personne n'était venu là pour prier ; la reine de la fête religieuse se nommait la comtesse Brignole ; il était difficile de l'entrevoir agenouillée devant l'autel ; mais quand elle se levait, et que, rejetant son voile en arrière, elle se retournait un seul instant vers les nefs, alors un murmure d'admiration montait aux voûtes avec les notes du chant grégorien, et l'on ne savait plus si la foule adressait une hymne de louanges à la comtesse ou à la Vierge de l'Assomption. C'était le quinze du mois d'août.

On remarquait aussi, à quelques pas

devant la rampe du sanctuaire, un jeune homme d'une figure, d'un regard et d'une pose de corps extraordinaires ; il n'était habillé ni comme un seigneur, ni comme un bourgeois, ni comme un marchand. Il avait inventé son costume tout d'une pièce, soie et velours noir ; son visage était pâle ; une moustache déliée noircissait sa lèvre ; une barbe pointue tombait de son menton. Il ne s'agenouillait pas, il ne priait pas, il ne s'asseyait jamais. Il regardait la belle comtesse avec des yeux d'une mystérieuse expression, il la regardait toujours. Il était immobile, appuyé contre un pilier ; et si quelques vives émotions tourmentaient son âme, rien ne transpirait au dehors : à le voir ainsi posé, on l'aurait pris pour un portrait en pied tombé de son cadre et incrusté sur un pilier de Saint-Laurent. Ce jeune homme était le peintre Antoine Van-Dick.

Il ne parut s'animer qu'au moment où les bannières et les guidons des confréries descendirent du sanctuaire dans la grande nef, et que la statue d'argent de la Vierge, portée par quatre marins de la galère Doria, traversa la foule, comme si elle eut glissé sur les têtes. Après la cérémonie du mariage, la procession commença. La comtesse Brignole marchait après la Vierge; son époux la suivait d'un air singulièrement orgueilleux. Le noble comte était dépourvu de cette spirituelle intelligence que la nature donne à tous les Italiens. Quand il passa devant le peintre Van-Dick, le grand artiste dit au comte Pallavicini :
« *Ma vie pour un quart-d'heure de cet homme!* » Personne n'entendit ces paroles; elles se perdirent dans un énergique *Salve regina* que le peuple entonnait avec furie, en brûlant de ses regards la comtesse Brignole qui faisait des lar-

gesses aux bassins de tous les couvents.

Van-Dick se mêla au noble cortége et descendit avec la procession vers le faubourg de Saint-Pierre-d'Arena. C'était au tomber du jour, le soleil s'inclinait sur les belles eaux du golfe Ligurien ; les collines resplendissaient d'une douce lumière; les cloches sonnaient à toute volée; les vaisseaux saluaient de leur artillerie les deux vierges triomphantes; les banderolles flottaient à la brise; le genêt et l'encens parfumaient l'air, et lorsque de tous ces bruits joyeux, de tous ces parfums de mer et de collines, de tout ce frémissement de bannières, s'élançait en chœur l'*Ave maria stella*, Van-Dick sentait des larmes sur ses joues et des frissons partout. Le palais Doria ouvrit ses portes au clergé de Saint-Laurent. L'*Ave maria stella* éclata sous les colonnades qui s'avancent sur l'eau ; l'hymne virginale fut répétée à bord de toutes les galères voisines ; il semblait que le ciel, la terre, la mer saluaient d'un chœur immense la jeune épouse qui étincelait comme un astre sous le portique de marbre du beau palais Doria.

Van-Dick sortit des rangs et monta aux jardins solitaires qui s'élèvent en amphithéâtre derrière le palais, du côté de la statue du Géant. Là, il se recueillit pour penser à ce qu'il avait à faire. Il aimait la comtesse, non d'un amour vulgaire, mais d'une passion d'artiste ; il l'aimait depuis deux ans ; il avait vu éclore cette belle fleur dans les nimphées du palais Tursi, au milieu des fontaines et des citronniers. Le peintre n'avait rien à offrir à ces familles génoises, plus opulentes que des rois ; il n'avait ni palais de marbre, ni galions dans le port ; il s'était donc tenu à l'écart, avec le secret de son amour. Un seul homme avait reçu ses confidences, le comte Pallavicini, noble et généreux seigneur ; il aurait donné sa fortune à Van-Dick ; mais son palais et sa villa magnifique l'avaient ruiné complétement.

La fête, le chant, les cloches, la foule avaient pu distraire Van-Dick. Maintenant, isolé dans la vigne des Doria, il supportait tout le poids brûlant de sa passion. Il regardait la mer, spectacle sublime qui attriste souvent et ne console jamais ; il regardait la superbe Gênes, assise au soleil sur ses montagnes, chantant sa joie avec les cloches aériennes, associant, sur la même colline, le couvent austère et la villa pleine de profanes voluptés. Van-Dick fermait ses yeux et frappait son front. Alors une brise lui apportait la mélodie lointaine de la procession ; refrain expirant, léger, purifié dans l'espace, et doux à son oreille comme une parole italienne exhalée des lèvres de l'adorable comtesse Brignole.

Van-Dick, la poitrine brisée, se leva vivement, et saisit son épée qu'il avait suspendue à la feuille d'un aloès.

Il descendit du sommet de ce magnifique jardin, escarpé comme une pyramide, il traversa le pont jeté sur la rue, de la treille au palais, et entra dans la galerie où il avait laissé le comte Pallavicini. La galerie était déserte. Van-Dick ne daigna regarder ni les fresques nationales de Perino di Vaga, ni les statues de Philippe Carlone ; il suivit les traces de la procession sur une route de fleurs. Le clergé de Saint-Laurent était depuis longtemps rentré à la cathédrale ; la foule était remontée aux maisons ; des groupes encore nombreux s'entretenaient du mariage du jour sur la place de l'Annonciade. Van-Dick, en la traversant, entendit prononcer le nom de la comtesse, et exalter sa beauté avec cet enthousiasme bruyant et contagieux qui éclate dans toutes les conversations en plein air chez les peuples du Midi. Il ne s'arrêta pas : la nuit tombait ; il se glissa timidement dans la strada Balbi, et une dernière et terrible émotion faillit l'étouffer, lorsqu'il aperçut le palais Durazzo illuminé, pavoisé, bordé de belles dames à toutes ses terrasses et au balcon de ses deux pavillons aériens. Le bal avait commencé après la procession, le délire de la danse ébranlait déjà ce magnifique palais, montagne de marbre toute brodée à jour, toute festonnée, toute pleine d'escaliers agiles et de sublimes colonnades. Van-Dick s'appuya sur le mur du palais Serra, et demeura comme anéanti dans la contemplation. Il souffrait de cette douleur d'artiste, qu'aucun signe, aucun mot, aucune langue ne peuvent exprimer ; de cette douleur si cruellement inventée par la nature, afin de punir les hommes d'élite des dons supérieurs qu'ils en ont reçus, et qui leurs sont si follement enviés par la foule stupide qui ne souffre pas.

Il sortit de sa cuisante rêverie en apercevant, à la lueur des torches, le comte Pallavicini qui descendait le grand escalier ; il prit vivement son bras et l'entraina dans la petite rue de San-Ciro. Parle-moi de cette femme ; dis-moi, l'as-tu vue ?

— Je viens de danser avec elle, dit froidement Pallavicini.

— Donne-moi ta main que je la baise ; elle a touché sa main.

— Artiste, tu es fou.

— Je suis au désespoir.

— Le temps te guérira.

— Jamais.

— Il m'a bien guéri, moi ! j'ai perdu bien plus qu'une femme ; j'ai perdu deux palais...

—Oh! je donnerais toute la strada Balbi pour un baiser de cet ange!

— Si la strada Balbi t'appartenait, tu ferais tes réflexions.

— Je donnerais ma vie.

— C'est plus aisé. Mais voyons, que veux-tu faire? cette femme est mariée...

— Pas encore.

— Comment, pas encore? J'ai signé son contrat de mariage.

— Pas encore, te dis-je!

— Ah! j'entends!... Eh bien! voilà dix heures qui sonnent à Saint-Charles; dans deux heures elle sera mariée...

— Ah! oui! malédiction à ce comte stupide! Eh! que fait-il, lui?

— Lui! il fait le mari; il suit sa femme dans tous les quadrilles; il la dévore des yeux; il lui dit des mots à l'oreille; il regarde à sa montre à chaque minute; il a fait avancer d'une demi-heure la pendule du grand salon du bal ; il est heureux, il est fou.

— Et la femme?

— La femme danse ; elle est ravie de danser ; elle sort du couvent ; elle danserait toute la nuit et tout le lendemain...

— Paraît-elle avoir de l'amour pour son ?...

— Elle danse, te dis-je : quand une jeune femme danse, elle ne pense qu'à elle, à sa toilette et à son danseur.

— Folle !... Et c'est pour ces êtres-là que nous nous consumons, que nous incendions nos poitrines, que nous perdons nos âmes, que nous brisons nos corps !... Et puis elles viennent nous dire qu'elles aiment mieux que nous !... Atroce dérision !... Leur amour d'amante n'est que de l'amour-propre ; leur amour d'épouse, qu'une conspiration de toilette ; leur amour de mère, qu'un instinct commun de la nature... Oh! je déraisonne; ma tête me brûle; soutiens-moi, ou je me brise le front sur ce pavé.

— Mon pauvre ami!

— Oh! j'ai là clouée au front une idée intolérable! une idée qui est un tison; une idée que je ne puis éteindre!... Dans deux heures!...

— Écoute, parlons d'autre chose... As-tu vu la marine d'Arazzi qu'on vient de recevoir à la villa Scoglietto!...

— Non..... Arazzi fait des marines?... Dans deux heures! un homme...

— Il n'excelle pas dans les marines...

— Il n'excelle dans rien...

— Ah! voilà de l'injustice d'artiste! Sa *Bataille du palais Doria* est un chef-d'œuvre.

— Son coloris est faux... Entends-tu? entends-tu? la musique ne joue plus; le bal est fini... Viens, rentrons à la strada Balbi...

— C'est un intermède !.. on ne peut pas toujours danser, en ce moment on se repose ; on dansera jusqu'au jour...

— Oui, les autres ; mais elle ?...

— Elle... elle aussi, peut-être... Comment trouves-tu les fresques de *Perino di Vaga*?... Aimes-tu ce talent ?...

— Non... c'est commun, c'est grossier d'exécution... Eh bien ! la musique ne reprend pas... C'est fini ! c'est fini !...

— Cela va recommencer... Je veux te faire un cadeau... le dernier tableau qui me reste... c'est une Vierge de Giordano...

— Viens, allons au palais Durazzo.

— Que dis-tu de Giordano ?

— Un barbouilleur... un peintre de galères... Garde ton tableau... Mon Dieu ! quelle horrible journée !.. L'église, l'encens, les fleurs ! l'*Ave maris stella*, la mer, la prière, les folies, le bal, l'amour, l'amour inexorable ! C'est un jour chauffé avec les flammes de l'enfer pour moi; pour les autres, embaumé par les roses du paradis... Allons chez Durazzo... Viens.

Ils remontèrent la petite rue escarpée de San-Ciro, et ils s'assirent sur un bloc de marbre qu'on travaillait pour le palais Serra. La musique du bal retentissait de nouveau ; mais il y avait sur les terrasses moins de bruit, moins de foule, moins de joie.

— C'est l'agonie du bal, dit Van-Dick d'une voix sourde; c'est la mienne aussi...

Il se leva vivement.

— Tiens, regarde là... regarde ces quatre croisées que l'on ferme... Sais-tu quelle est cette chambre ?... Je le sais, moi ! C'est la chambre du maître !... Comte Pallavicini, êtes-vous mon ami ?

— Ton amitié, c'est tout ce qui me reste de ma fortune ; j'y tiens.

— Eh bien ! écoute : la nuit court, l'heure brûle ; le sang gonfle mon cœur ; je vais mourir, si tu ne m'assistes. Monte au palais Durazzo, demande à parler au comte en secret, qu'il soit au salon ou dans sa chambre, debout ou levé. Tu lui diras que l'ennemi de son père, le marquis de Gippino, l'attend au puits de la vallée du Lerbino, avec son épée et son poignard ; que Gippino se rend en toute hâte à Florence, et ne s'arrête qu'un instant sous les remparts de Gênes pour ce duel à mort ; qu'un refus sera une infamie pour lui ; un retard, une lâcheté. Va, va ! les lumières s'éteignent, les femmes accompagnent la comtesse au lit nuptial ; point de réponse, va.

— J'y vais, dit froidement Pallavicini.

Le comte Brignole recevait les adieux de quelques jeunes seigneurs, ses intimes, lorsqu'il vit entrer mystérieurement Pallavicini, qui lui fit un signe du doigt. Ils se retirèrent à l'écart dans un de ces pavillons qui dominent la rue. Pallavicini prit un air grave, et dit au comte :

— Connaissez-vous le marquis Gippino ?

— Je ne le connais pas, dit le comte; mais je sais qu'une haine mortelle a régné entre mon père et lui.

— Son fils vous attend au puits de la vallée du Lerbino ; il m'a pris pour son second ; avant que vos amis ne s'éloignent tous, choisissez le vôtre.

Le comte Brignole demeura muet.

— Comte Brignole, ma parole est-elle assez claire ?

Je ne refuse pas satisfaction à un Gippino ; je la lui donnerai demain.

— Demain votre ennemi sera sur la route de Florence, et il publiera partout votre déshonneur.

— Voilà un singulier moment pour un cartel ! Eh bien ! soit ; je lui demande une heure...

Et il se dirigeait vers sa chambre ; la camériste de la comtesse venait d'en sortir, le sourire aux lèvres.

— Une heure ! dit Pallavicini en l'arrêtant ; je n'ai pas le pouvoir de vous donner une minute de répit ; nous avons déjà même perdu beaucoup de temps...

— Mais au moins le temps d'embrasser ma femme...

— Rien ; le temps de prendre vos armes, voilà tout ; chaque minute qui s'écoule ôte un grain d'or à votre blason.

— Voilà une tyrannie inconcevable ! Je reconnais bien là les Gippino, tels que mon père me les a dépeints cent fois. Voici mon épée : allons !

Il se retourna vers le groupe d'amis qu'il venait de quitter et dit :

— San-Gallo, je vous prie de m'accompagner jusqu'à l'église de la Consolation.

— Vous allez faire votre prière bien loin avant de vous coucher, dit San-Gallo en riant.

— C'est ainsi, répliqua froidement le comte ; voulez-vous m'accompagner ?

Les trois acteurs de cette scène descendirent à la rue, et marchèrent silencieusement jusqu'à la poterne ; là, ils trouvèrent un homme enveloppé d'un manteau qui paraissait les attendre.

— C'est notre champion, sans doute, dit le comte Brignole.

— C'est lui, répondit Pallavicini.

— Vous connaissiez donc Gippino ?

— Nullement ; il m'a rencontré dans la strada Balbi ; il m'a demandé si j'étais noble ; il m'a expliqué son affaire ; j'ai accepté.

— Vous avez bien fait ; au moins, avec vous, nous n'aurons pas à craindre de guet-apens.

— C'est ce que j'ai pensé.

— Merci.

On entra dans la campagne; Van-Dick marchait le premier, en avant d'une vingtaine de pas ; il s'arrêta dans un petit bois de tamarins, dont les sombres rameaux augmentaient encore l'obscurité de la nuit.

— C'est donc ici, comte Gippino, que vous inaugurez votre champ-clos avec ceux de ma noble maison.

Van-Dick mit l'épée à la main et ne répondit pas.

— Je vous préviens, continua Brignole,

que je vais me défendre vigoureusement, car je ne veux pas faire une veuve la première nuit de mes noces.

Van-Dick bondit sur le terrain et se mit en garde. Les deux adversaires croisèrent aussitôt le fer. Le combat ne fut pas long; Van-Dick reçut un violent coup d'épée dans le bras droit; faible de constitution, et déjà prédisposé aux atteintes de la phthysie qui le consuma jeune encore, épuisé d'ailleurs par toutes les angoisses de ce terrible jour, il tomba de faiblesse sur le gazon.

— Je vais vous envoyer un chirurgien, dit froidement le comte Brignole.

Et il partit avec San-Gallo.

Pallavicini prodiguait ses soins au malheureux artiste blessé.

— Mon ami, lui dit Van-Dick, j'ai assez d'argent pour racheter ton palais et ta villa; je te le donne. Cours après cet homme, et bats-toi avec lui ; tu seras plus heureux que moi, tu le tueras.

— Ton sang coule, il faut que j'arrête ton sang : calme-toi !

— Laisse-le couler, mon sang ; laisse-moi mourir.... Sais-tu bien qu'il va rentrer en triomphe dans son palais; que des pleurs de joie, que des caresses de feu l'attendent là-bas; que le paradis va s'ouvrir pour lui, l'enfer pour moi ? Va, te dis-je, atteins cet homme avant qu'il soit aux remparts !

— Calme-toi, calme-toi ! te dis-je : demain nous recommencerons. Laisse-moi te panser.

— Ah ! tu as peur !

— Allons ! voilà qu'il m'insulte maintenant !

— Eh bien ! je vais courir après lui, moi... laisse... laisse... je vais... Malédiction !

Il s'évanouit.

Lorsqu'il revint à lui, le jour commençait à poindre sur la crête des Apennins.

— Quel horrible songe ! Ce furent ses premiers mots.

Il promena dans la campagne des regards effarés, et baisa les mains de Pallavicini en les arrosant de larmes ; puis, désignant du doigt le gazon ensanglanté, il sourit avec amertume, et leva les yeux au ciel avec une expression que les grandes âmes seules peuvent donner à leur visage dans les heures de désespoir consommé.

— Te sens-tu assez fort pour rentrer en ville ? dit Pallavicini.

— Oui... mais que faire en ville maintenant ?... Tout est perdu... regarde comme le soleil se lève riant ! comme la nature est joyeuse ! J'ai entendu chanter l'alouette ce matin dans un rêve... Dieu nous fait toujours de ces ironies-là... Que lui importe mon malheur, à la nature?..... Si elle prenait son crêpe noir à chaque être qui souffre, ce serait un deuil éternel... C'est bien ! c'est bien ! habille-toi d'azur et d'or, beau ciel d'Italie; cela réjouit la misère de tes enfants.

— Je crois que nous pourrions rentrer, observa tranquillement Pallavicini.

— Oh! toi, tu es de marbre, comme la villa que tu as fait bâtir... As-tu aimé quelquefois?

— Cent fois; mais de ta force, jamais.

— As-tu aimé des femmes qui t'ont montré de l'amour, et se sont mariées avec d'autres?

— Certainement.

— Eh bien! qu'as-tu fait alors?

— Je me suis consolé.

— Tiens, c'est singulier; ta parole me calme. Donne-moi ta main que je la serre, tu me fais du bien.

— Vive Dieu ! te voilà en convalescence ! Prends mon bras, et gagnons la ville en nous promenant. Écoute : la comtesse Bri...

— Oh ! ne prononce pas son nom !

— Soit ; la comtesse est belle, belle à ravir, c'est vrai ; elle a un teint rose transparent, des yeux lumineux et azurés comme le golfe de Gênes, des lèvres de corail, des dents de perles, un cou d'ivoire, des épaules sculptées avec amour, une taille, oh ! une taille ! Je ne connais qu'une femme qui ait une taille comme celle-là : c'est la Vénuse de ton ami Titien de Venise. Quant à son esprit, à ses qualités du cœur et de l'âme, tu ne m'en as jamais parlé ; je vois que tu t'en soucies fort peu... Ainsi, donne-moi vingt-quatre heures, je te donne une autre comtesse Brignole.

— Oh ! tais-toi ! tais-toi ! impossible !

— Impossible ! je veux te donner mieux

que la comtesse Brignole... Moi, j'ai perdu mon palais; qu'on m'en donne un plus beau, et je me console tout de suite, foi de grand seigneur!... Bon!... tu souris; nous allons mieux. Laisse de côté ces alouettes qui chantent, et la nature qui se moque de toi; parle raison. Mon ami, toutes les comtesses d'Italie ne valent pas le sang qui vient de sortir de tes veines d'artiste...

Mais voyons, de quelle autre femme veux-tu parler?

— Bénie soit *Notre-Dame-du-Remède*, qui demeure dans la rue où nous allons entrer! nous sommes guéris! Ah! tu t'intéresses déjà à une autre femme!...

— C'est curiosité pure...

— J'entends... Eh! mon Dieu! l'amour d'un artiste n'est, je crois, qu'une curiosité délirante. Si la Vénus de la villa Adriani était enfouie à mille à pieds sous terre, tu te ferais fossoyeur au grand soleil pour l'exhumer, la voir et l'embrasser le premier...

—C'est vrai.

—Vous êtes des hommes maîtrisés par vos sens; aussi votre inconstance est passée en proverbe; vous vous faites un musée de maîtresses, comme un cabinet de tableaux; c'est votre métier, vous étudiez la nature; vous ne voyez qu'un beau modèle là où un autre homme verrait l'objet idéal et rêvé d'une platonique et immortelle passion. Eh bien! je veux te donner un modèle qui ferait se draper de jalousie la Vénus Aphrodite dans son bain.

—Son nom?

—Tu le sauras demain. Aujourd'hui guéris ta fièvre, et dors.

En causant ainsi, les deux amis étaient arrivés à la porte de leur maison, sur la place de l'Annonciade, par des rues détournées. La ville était encore plongée dans le sommeil. Un chirurgien fut appelé ; il trouva la blessure fort légère, malgré la grande abondance de sang répandu. Il ne conseilla pour régime que vingt-quatre heures de repos.

Le lendemain, à midi, un domestique, à la livrée de Brignole, porteur d'une missive, entrait dans l'appartement de Van-Dick. Pallavicini habillait l'artiste, qui était encore faible et bien pâle. Le comte Brignole priait Van-Dick de se rendre à son palais.

— Voilà un étrange incident, dit le peintre, que me veut le comte?... il ne me connaît pas ; il ne m'a jamais vu.

— Il faut aller voir, dit Pallavicini. Veux-tu que je t'accompagne ?

— Certainement, je n'irai pas seul ;... c'est quelque piége infernal. Le comte s'est douté de quelque chose... Oh! vite, vite, au palais Durazzo.

— C'est bien fâcheux; je crains une rechute pour toi; tu vas la revoir, et...

— Elle, la revoir? Jamais! jamais! Je verrai le comte; je n'ai besoin de voir que le comte... Oh! la revoir! J'expirerais devant elle de honte, de jalousie, de désespoir... Viens...

— Tu n'es pas assez calme pour brusquer ainsi cette visite... Nous devrions attendre demain ou ce soir...

— Pas une minute de plus...

— Hélas! nous voilà retombés.

— Oh! tu ne me connais pas! C'est fini, te dis-je; ce n'est plus qu'un souvenir, un rêve pénible... Allons à Durazzo.

— Allons!

Van-Dick s'était habillé magnifiquement; mais l'éclat de son costume ne pouvait dissimuler sur sa figure sa souffrance et son agitation ; il était horriblement pâle et sa démarche, qu'il s'efforçait de rendre hardie, était chancelante comme celle d'un convalescent. Il avait enfoncé la main de son bras blessé dans un crevé du pourpoint, comme par contenance ; il s'appuyait de l'autre sur la rampe de marbre de l'escalier du palais. Pallavicini le suivait en soupirant.

Il fut introduit dans la galerie où le comte ne se fit pas attendre.

— Seigneur Van-Dick, dit-il en courant vers lui, veuillez bien excuser mon indiscrétion : j'ai appris que vous étiez de retour dans notre ville ; je n'avais pas eu l'honneur de vous y connaître à votre premier séjour : aussi me suis-je empressé de vous offrir cette fois mon amitié et mon palais. Durazzo est l'hôtellerie des grands artistes, n'est-ce pas, comte Pallavicini ?

Van-Dick s'inclina et ne répondit rien : il était bouleversé.

— Je vous prie de prendre un fauteuil, messieurs, continua le maître du palais, j'ai à vous parler d'une petite affaire, à vous, seigneur Van-Dick. Je me suis marié avant-hier : sans fatuité, je puis dire que c'est un mariage d'inclination; je veux que notre intimité se forme sous des auspices dignes de votre talent et de ma fortune; je veux que vous fassiez le portrait de ma femme. Quand même je couvrivrais votre toile de sequins, je serais toujours votre obligé.

Van-Dick s'inclina de nouveau. Ce silence fut interprêté comme timidité d'artiste en face d'un grand seigneur.

— Quel jour le modèle pourra-t-il se mettre à votre disposition?

— Aujourd'hui, je suis prêt, répondit Van-Dick d'une voix éteinte.

— Vous êtes charmant, seigneur artiste; vous allez au-devant de mes vœux. Vous trouverez dans mon atelier des toiles toutes prêtes; je veux un portrait en pied, comme celui de la marquise de Velletri, que vous avez peint et qui est un chef-d'œuvre, comme tout ce que vous faites... Ah! dites-moi, comte Pallavicini, comment avez-vous laissé notre champion du Lerbino? Donnez-moi de ses nouvelles.

— Il est parti ce matin pour Florence.

— C'est un spadassin payé par les Gippini; j'ai su cela. Mes ennemis ont voulu me faire assassiner le jour de mes noces; c'était bien imaginé. Messeigneurs, soyez assez bons pour m'attendre ici un *momentino;* je vais vous amener ma femme.

Et il rentra dans ses appartements.

Van-Dick et Pallavicini se regardèrent quelque temps sans parler.

— Un bon conseil, Van-Dick; le veux-tu?

— Oui.

— Pars.

— Impossible! Que dirait le comte?

— Que t'importe?

— Il me croira fou.

— Dans un quart-d'heure, tu le seras tout-à-fait.

— Je m'abandonne à mon destin.

— Mais songe que tu es blessé, que ta main ne peut manier le pinceau.

— Je peindrai de la main gauche.

— Tu es pâle, tu souffres, tu es agonisant; tu vas périr à l'œuvre.

— Tant mieux.

La porte s'ouvrit, et la comtesse entra.

On aurait dit qu'elle illuminait la galerie des rayons de son éblouissante beauté. Pallavicini lui-même réprima une exclamation de surprise qui lui était arrachée, car il ne l'avait jamais vue si belle. Elle portait une robe de soie noire brochée : ses épaules et ses bras étaient à découvert, et l'étoffe faisait merveilleusement ressortir leur blancheur lumineuse. Elle salua d'un sourire céleste les deux étrangers ; et, s'adressant à Van-Dick, elle lui dit avec une grâce incomparable :

— Maître, je suis à vos ordres : c'est bien de l'honneur pour moi de poser devant vous.

— Passons à l'atelier, dit le comte Brignole ; le seigneur Van-Dick choisira ses palettes, ses toiles et ses pinceaux.

Les quatre acteurs de cette scène entrèrent dans l'atelier, qui était contigu à la galerie.

— Maintenant, poursuivit le comte, vous êtes chez vous ; nous permettez-vous de rester ?

Van-Dick n'appartenait plus à la terre,

il ne répondit pas ; mais Pallavicini, prenant en pitié l'amour de son ami, dit avec le plus grand sang-froid au comte :

— Je connais Van-Dick : il faut le mettre à l'aise : il n'aime pas peindre devant témoins ; sortons.

La comtesse et Van-Dick restèrent seuls dans l'atelier.

— Je ne connais rien de beau comme votre portrait de la marquise de Velletri, dit la comtesse d'un ton familier, comme pour engager lestement la conversation.

— Je ferai tous mes efforts pour mériter votre approbation, répondit timidement le peintre.

— Elle vous est acquise d'avance. Je ne la connais pas, la marquise de Velletri ; est-elle bien ?

— Je ne l'ai jamais vue, madame...

— Comment ! vous avez fait son portrait !

— Ah! la marquise..... Excusez-moi, madame; je suis tout à ma palette, à mes couleurs..... Elle est assez bien, je crois.

— Il paraît que vous oubliez facilement vos modèles..... Oh! vous allez me peindre assise! je n'aime pas cette pose; je veux être debout, riante, et une fleur à la main. Cette robe vous plaît-elle?

— Non, madame.

— Ah! vous la trouvez trop sombre peut-être?

— J'aime mieux celle que vous portiez l'an dernier, à la fête du palais Doria.

— Vous étiez au palais Doria le jour des Rogations? Ah! je ne vous ai pas vu.

— J'ai eu l'honneur de danser avec vous, de vous parler... Il paraît que vous oubliez aussi facilement vos danseurs que moi mes modèles...

— C'est charmant! j'ai eu tant de danseurs, moi!

— Et moi tant de modèles!

— Vous êtes piqué, seigneur Van-Dick; excusez une plaisanterie..... Mais si nous causons toujours, mon portrait n'avancera pas.

— Votre portrait est fini, madame.

— Fini! vous n'avez pas donné un seul coup de pinceau!

— Fini depuis un an. Nous pouvons sortir.

Van-Dick se leva, salua la comtesse et marcha vers la porte.

— Sérieusement, vous sortez? dit la comtesse.

— Je sors, et vous me permettrez d'emporter la clé de l'atelier; je veux rentrer ce soir pour mettre la dernière main à votre portrait.

— Faudra-t-il que je pose?

— C'est iuutile, le portrait est fait.

— Quand me donnerez-vous le mot de cette énigme?

— Demain.

— Dois-je en parler à mon mari?

— Comme vous voudrez.

— Je n'en dirai rien.

— Ce sera mieux.

Van-Dick ferma la porte de l'atelier à double tour, et alla rejoindre, sur la terrasse, le comte et Pallavicini.

— Voilà une première séance bien courte! dit Brignole.

— Je viendrai ce soir faire la dernière, répondit le peintre.

— C'est vraiment d'une merveilleuse facilité!

Van-Dick et Pallavicini sortirent du palais; et, quand ils eurent dépassé l'église Saint-Charles, Pallavicini interrogea brusquement son ami.

— Voyons, comment te trouves-tu?

— Guéri.

— Complètement?

— Il ne me manque plus que le remède dont tu m'as parlé.

— Tu l'auras !

— Une folle échappée du couvent ! une étourdie qui vous tue à chaque mot! deux jours de mariage, et les allures d'une coquette de quarante ans !

— Bien, bien! mais il faut persister dans cette conversion...

— Oh! sois tranquille..... Comment nommes-tu cette personne dont tu m'as tant parlé?

— Ce soir, nous la verrons, je te le promets...

— A ce soir, donc! attends-moi devant Saint-Charles à sept heures; j'ai une affaire à terminer.

Van-Dick courut chez lui, et détacha du

mur de son alcôve un tableau sans cadre et voilé : c'était le portrait en pied de la comtesse Brignole qu'il avait peint de souvenir, magnifique chef-d'œuvre, exécuté dans le délire d'une ardente passion ; seulement on s'apercevait que la main si ferme de l'artiste avait tremblé sur le sein de l'adorable femme, et que l'émotion de l'amant avait trahi la vigueur ordinaire de son pinceau.

Van-Dick s'enveloppa de cette toile comme d'un vêtement, jeta son manteau par-dessus, et retourna au palais Durazzo. Il traversa hardiment la galerie sans se faire annoncer, ouvrit l'atelier, et plaça dans un cadre le portrait de la comtesse ; puis, appelant un domestique, il lui dit :

— Annoncez à monsieur le comte que le portrait de sa femme est terminé. Et il sortit.

Quelques jours après, il épousait la fille

de lord Rutwen, comte de Gorée; mariage qu'il improvisa, grâce aux actives et intelligentes négociations de Pallavicini. Mais le pauvre artiste avait été blessé au cœur : il mourut de phthysie à l'âge de quarante ans. Les femmes ont tué beaucoup d'artistes, et les artistes n'ont jamais tué de femmes.

Telle est l'histoire qui m'a été contée un jour au palais Durazzo, à Gênes, devant le portrait de la comtesse Brignole, peint par Van-Dick.

FIN DU DEUXIÈME ET DERNIER VOLUME.

COULOMMIERS. — IMPRIMERIE DE A. MOUSSIN.

www.ingramcontent.com/pod-product-compliance
Lightning Source LLC
Chambersburg PA
CBHW070946180426
43194CB00041B/1148